THE CHEN JINGUI

Moving To the Mountain

金匮陈氏藏孤本
《连山》易

ZHENGYAO CHEN
陈政耀（翼云）
YING ZHAO
赵　樱

GOLD COAST, QLD, AUSTRALIA
澳大利亚 昆士兰 黄金海岸

This edition pubished 2018
本版第一次发表于 2018 年
Set and designed in Australia
排版设计于澳大利亚
Gold Coast，Queensland
昆士兰州黄金海岸市
THE CHEN'S OF JINGUI 《MOVING TO THE MOUNTAIN》
书名《金匮陈氏藏孤本《连山》易》
Author: Zhengyao Chen   Ying Zhao
作者：陈政耀（翼云）赵樱
ISBN-13: 978-1985176805
ISBN-10: 1985176807

夫志当存高远，慕先贤，绝情欲，弃凝滞，使庶几之志，揭然有所存，恻然有所感；忍屈伸，去细碎，广咨问，除嫌吝，虽有淹留，何损于美趣，何患于不济。若志不强毅，意不慷慨，徒碌碌滞于俗，默默束于情，永窜伏于凡庸，不免于下流矣！

诸葛亮《诫外生书》

独善其身效法先贤志
克己修德无愧君子心

陈翼云

作者简介：

　　陈政耀（ZHENGYAO CHEN），字翼云(YIYUN)，50 岁，澳大利亚汉学学徒，作品有《AN INTERPRETATION OF JAPANESE ANCIENT LITERATURE：SENJI　RYAKKETSU》，中文书名《日本古文献《占式略决》释义》；《THE　ADDITIONAL EXPLANATION OF《SENJI RYAKKETSU》ABE NO SEIMEI》，中文书名《安倍晴明《占式略决》钤补》；《THE CHEN'S OF JINGUI 《MOVING TO THE MOUNTAIN》》，中文书名《金匮陈氏藏孤本《连山》易》。

Email: 18da@163.com

　　赵樱(YING ZHAO)，44 岁，澳大利亚邦德大学法律学士，南十字星大学 MBA 工商管理硕士。作品有《AN INTERPRETATION OF JAPANESE ANCIENT LITERATURE：SENJI　RYAKKETSU》，中文书名《日本古文献《占式略决》释义》；《THE　ADDITIONAL EXPLANATION OF《SENJI RYAKKETSU》ABE NO SEIMEI》，中文书名《安倍晴明《占式略决》钤补》；《THE CHEN'S OF JINGUI 《MOVING TO THE MOUNTAIN》》，中文书名《金匮陈氏藏孤本《连山》易》。

THE CHEN'S OF JINGUI
Moving To the Mountain
金匮陈氏藏孤本《连山》易

本书根据金匮陈氏藏孤本《连山》整理出版。

《连山》上古名为《辇山[1]》，原文散佚，不著撰人，分为五宫"辇、山、戋[2]、亡、甘"，对应《周易》震艮巽兑四卦，中至一宫，天元地方，每宫除首卦之外各领十二卦，合计六十四卦。

"连"上古写作"辇（輦）"，意为"负车"，辇（輦）古义为战车，从车，在这里用作动词，"连（辇）山"即"负车向山而动"[3]，此首卦即为《周易》震卦[4]。

本书作者陈政耀（ZHENGYAO CHEN）、赵樱(YING ZHAO)郑重声明：

本书《连山》卦名关联卦象与世传《周易》完全不同，为独家传承及独立进行研究工作所取得的成果。除书中已经注明引用的内容之外，本书《连山》是完全独立的研究著作。

本书《连山》为陈政耀、赵樱著述、整理、编辑、注释、考略。

书内所记载《连山》卦名，卦名关联卦序、名称关联卦象等为存世唯一记载，（不包括《周易》卦名、卦象及顺序），享有独家版权，未经本书作者授权不得以任何方式翻译、复制、发行、翻印、引用、修改、出租、转载本书的任何部分用作商业用途（纯学术性使用不在此限）。

版权所有·侵权必究。

---

[1] 音 nian，通辇字，意为"战车向···而动"

[2] 音 jian，表示戈戟相加，武力相残。

[3] 周朝之前专指负车，輓車。

[4] 《周易》震卦，为动也。《诗含神雾》曰："大迹出雷泽，华胥履之，生伏牺。"《竹书纪年》曰："太昊伏羲氏，以木德王，为风姓"，华胥氏为"震雷"，伏羲氏为"巽风"。《周易·彖》曰:云行雨施，品物流形，大明终始，六位时成，时乘六龙以御天。"震雷"之数六，合天之数。

金匮陈氏藏孤本《连山》易

目 录

序

本书根据金匮陈氏藏孤本《连山》整理出版。

《连山》上古名为《輦山[5]》，原文散佚，不著撰人，分为五宫"輦、山、戋[6]、亡、甘"，对应《周易》震艮巽兑四卦，中至一宫，天元地方，每宫除首卦之外各领十二卦，合计六十四卦。"天元"谓宇宙洪荒为元首原始，"地方"谓大地有方位，非指地之形状为四方形。

"连"上古写作"輦（輦）"，意为"负车"，輦（輦）古义为负车、战车，从车，在这里用作动词，《輦山》意即"负车向山而动"[7]。

本书为金匮陈氏后人陈政耀（翼云）、赵樱整理记载，原文不载《经》《传》，不具卦辞、爻辞，除卦象名图之外没有任何文字注解。

《连山》《归藏》《周易》为上古三易，世俗谓之失传，此为鄙陋之见，道不轻传，世上知三易者惟大卜传世之秘，陈氏一门世代隐之，如今因两子一女不懂中文，不可让此中华"种子"[8]之秘绝之于世，遂著书述之，亦为天旨"古之使命"也。

《连山》为经，非独为卜筮书。

本书阅读之法为古法，象形、指事、会意、假借、转注、形声。如輦卦，会意也。每卦之后附《周易》同象卦作参考。

---

[5] 音 nian,通輦字，意为"战车向···而动"

[6] 音 jian，表示戈戟相加，武力相残。

[7] 周朝之前专指负车，輓車。

[8] 中华种子为天授，为天选，易为万经之源，通易者则为天意。

　　《连山》上古名为《辇山》，连为"辇（辇）"之今义，为"战车向山而动"，非"连绵之山"，后世学者望文生义，不求甚解，如郑玄[9]的解释谬之千里，古之学者大多引用郑玄之语，贻误千载[10]。

　　《归藏》上古名为《归臧》，藏为臧之误也，归为"向中央行进好也"或"载奴归故里善也"，臧为夏商国都附近。臧为善也。

　　《周易》上古名为《周赐》，易为赐之误也。意为"上天之赐"。

　　因此，三易是为"三赐"，为上天赐给人间的三部经书，非独为卜筮书。

"连，归，藏，易，赐"字源解说

1、连，金文　　（辵，行进）　　（车，战车），表示战车行进。造字本义：古代会战阵形，战车并排而行。篆文　　承续金文字形。隶书　　将篆文的"辵"　　写成　　。

---

[9] 郑玄（１２７年－２００年）字康成，北海高密（今山东省高密市）人，东汉经学家、预言家。郑益（字益恩）之父，郑小同（字子真）之祖。集两汉经学大成，被称"经神"。曾拜大司农，有《郑司农集》。少时习《易经》、《公羊传》，有"神童"之称，十八岁任乡啬夫。晋为乡佐。北海国相杜密十分器重他，永寿三年（１５７年），荐入太学，师从京兆第五元先、陈球。延熹三年（１６０年），与卢植同拜马融为师，学习古文经学，又尝游学于幽、并、兖、豫诸州。因党锢事件而被禁，专心著述。后又博通今文经学，遍注群经，乃为汉代集经学之大成者，世称"郑学"。善饮酒，可饮一斛。建安五年（２００年）春，梦见孔子对他说："起，起，今年岁在辰，来年岁在巳。" 官渡之战时，被袁绍逼迫下随军而行，到元城（今河北省大名县境）病危，至六月病逝。作品有《毛诗笺》、《三礼注》。

[10] 郑玄解释 "连山"义为山出内气，山连山，这是错误的看法，记载如下：郑玄《周礼注》："名曰连山，似山出内气也。"《易赞》、《易论》："连山者，象山之出云连连不绝。"贾公彦疏："名曰连山，似山出内气也者，此连山易，其卦以纯艮为首，艮为山，山上山下是名连山，云气出内于山，故名易为连山。《三国志·魏志·高贵乡公传》："连山似山出内气，连天地也。" 这些看法都不正确。

连，负车也。连即古文辇也。周礼乡师辇辇。故书辇作连。大郑读为辇。巾车连车。本亦作辇车。管子海王。服连轺辇。立政。余戮民。不敢服絻。不敢畜连。负车者、人挽车而行。车在后如负也。字从辵车会意。

2、归，甲骨文🔲🔲（兵符，代军权，代战争）🔲（止，终结）🔲（方，边远势力），造字本义：异域远疆停止敌对与战争状态，顺服于中央朝廷。有的甲骨文🔲误将🔲中"止"与"方"组成的🔲写成了"帚"🔲。金文🔲承续甲骨文🔲，并加"辵"🔲（行进），强调前往中央朝拜。籀文🔲省去🔲、🔲。篆文🔲基本承续金文🔲字形。

3、藏，臧之误也，(臧) 善也。释诂、毛传同。按子郎才郎二反。本无二字。凡物善者必隐于内也。以从艹之藏为臧匿字始于汉末。改易经典。不可从也。又赃私字。古亦用臧。从臣。戕声。则郎切。十部。

4、易，"易"是"锡"的本字。易，甲骨文🔲像将一个有抓柄的器皿🔲中的液体，倒入🔲另一个没有抓柄的器皿🔲中。简体甲骨文🔲将带握柄的器皿🔲简写成勺具形状🔲，将倾注的液体形状🔲简写成🔲，表示用勺具将金属熔液浇铸到器皿坯模中。锡的熔点低，是铸器的好材料，古人发现"熔锡铸器"，好操作，不费事，遂以铸锡为易。
造字本义：将容器中低熔点的锡注入模具，铸造新器皿。金文🔲像一个有手把的盛器🔲里装着锡液🔲（水），字形进一步简化。有的金文🔲将盛器形状🔲简化成了不知所云的🔲，并误将抓柄形状🔲写成了似"日"非"日"的形状🔲。

篆文易则将金文字形易中模糊不清的日写成明确的"日"形日，至此"易"的字形中，器皿、手把、熔液等形象特征消失，以致篆文易、隶书易字形费解。当"易"的"低熔点金属"本义消失后，篆文再加"金"另造"锡"代替。

5、赐，金文赐=贝（贝，钱财）+易（易，转手），造字本义：将自家财宝转赠他人。篆文赐承续金文字形。

一、古史记载中的《连山》易

　　《连山》，又称《夏易》，据中国古籍记载为占卜的三种方法（三易）之一，号称《连山易》。连山之名出于神农氏（连山氏）。成书于夏朝（原书约有八万馀言、十卷本[11]），但相较于《周易》，连山易久已散佚而不完整。

　　现存有连山卦（连山八卦图），为伏羲八卦之衍生。据《周礼》记载，连山易出于神农氏——神农氏又称"烈山氏"，或称连山氏，故号称连山易。成书于夏朝，又称之为"夏易"原书约有八万馀言、十卷本。《周礼》将"连山"和"归藏"、《周易》并列为占卜的三种方法，统称三易，共通性都是由 8 个经卦两两重叠的 64 个别卦组成。学者认为"连山"称"连山易"是因为跟周易并称三易。

　　《连山》以"震卦"为首[12]，其中用意"震为雷"。《诗含神雾》曰："大迹出雷泽，华胥履之，生伏牺。"《竹书纪年》曰："太昊伏羲氏,以木德王,为风姓"则华胥氏为"震雷"，伏羲氏为"巽风"。

---

[11] 此为谬误，上古技术落后，甲骨文每片字数有限，最多不超过 50 字，即使用竹简刻字也十分艰难，目前所知甲骨文总字数为三千余字，八万言基本不可能。当时也没有纸或绢本，因此"十卷本"之语不足采信。

[12] 此说为史实。陈氏自古传承《连山》即以震卦为首卦，名为鼟（鼟）卦。

《归藏》以先天卦逆数为用。乾九兑八离七震六巽四坎三艮二坤一，中央五宫不用。三易的八卦图，由伏羲八卦图演变而来，有人认为也可能起源自伏羲。

《连山》以"艮卦"为首，其中用意"艮为山"有顶天立地之象。郑玄于《周礼注》称："名曰连山，似山出内气也"。连山卦，从其中卦画而言，可以看出它第一度、第二度之阴阳分判与伏羲八卦取相反方向：

北宋邵雍认为："连山蓍用九十七策，以八为揲，正卦一〇一六，互卦一〇一六，变卦三二五〇一二，以数断不以辞断。其吉凶一定不可易"[13]。相传《连山》至汉初仍存，桓谭《新论》云："山（连山）藏于兰台"，《帝王世纪》一书亦曾引《连山》云："禹娶涂山之子，名曰攸女，生余。"《水经淮水注》亦曾引《连山易》云："有崇伯鲧伏于羽山之野"。

后世多有学者"伪造《连山》"，凡是书名"连山"者必定为伪作，因其伪造者不懂上古字源字义，不知《连山》实际为《輋山》。根源在于《周礼》的记载，然而《周礼》的真伪尚无定论，它最早出现于西汉，在秦朝之前并无任何记载，所有先秦文献都没有提到《周礼》一书。

---

[13] 邵雍认为《连山》是蓍揲术，是混淆了卜，筮和易。这三者完全不同。《礼记·曲礼上》曰："龟为卜，策为筮"。说明古时卜用龟甲，筮用蓍草。而易为经书。《连山》是经而非卜筮书，就如果《周易》为经书。

卜和筮是其中两种古代卜筮军国大事时有三条原则：

一是先筮而后卜。古代认为物先有象而后有数，龟为象，筮为数。卜筮时先以蓍草筮，如得吉数，不必再卜，如不吉，再卜其象。

二是卜筮不过三。古代卜筮是为了求吉利，但有时并不是一卜就能得到吉兆，一卜不吉可以再卜、三次卜筮得到的如果仍不是吉兆，就不能再进行再卜、三卜，三次筮等到的如果仍不是吉兆，就不能再进行第四次。因此，通常情况下卜三次还不是吉兆的话，要进行的事情就暂时中止，待择吉日再卜。这就叫卜筮不过三。后人常说事不过三，当是从"筮不过三"音义而来。

三是卜筮不相袭。卜筮是先筮而后卜，筮之不吉，可以再卜，如果卜之还不吉，就不能再筮。古代认为卜为象，筮为数。物先有象后有数，象数不能倒置。因此，即便卜之不吉，可以再卜，但却不能筮。

上述三条可以说是上古时代卜筮所应遵守的原则。至于卜筮时卜官沐浴更衣、焚香祷告，则是题中应有之意。

在先秦文献中，较为集中地记载先秦官制的文献是《尚书》的《周官》篇和《荀子》的《王制》篇。如《四库提要》所说："（《周礼》）于诸经之中，其出最晚，其真伪亦纷如聚讼，不可缕举"。

笔者认为自从先秦焚书坑儒之后，周朝典籍几乎亡失殆尽，即使《尚书》等也由汉朝伏生凭记忆整理，《周礼》即使有原书也很难保存下来，况且《周礼》的出现是在王莽篡位之后，历史上最出名的伪造经籍案即发生在这个时期。

在宋代，刘歆被司马光、洪迈等学者怀疑伪造《周礼》一书。清末今文经学者康有为撰《新学伪经考》，指摘刘歆伪造古文经《左传》和《周礼》，以协助王莽篡位。他断定刘歆割裂左丘明所作的《国语》，分附于《春秋》经的各条之下，形成《左传》，此外又伪造《尔雅》。民国时，钱玄同、顾颉刚认为刘歆伪造经籍。1929年，钱穆发表《刘向歆父子年谱》一文，系统地驳斥了康有为之说。这篇论文轰动学术界，得到多数专家肯定，结束了清末以来今古文经的争论；此后唯有少数学者坚持刘歆伪造之说，如郭沫若于1932年出版《两周金文辞大系图录考释》，此后累有增订修改，然至死仍不改此说；冯友兰亦认为《左传》是刘歆割裂《国语》一书而造的。徐复观提出《周礼》是刘歆与王莽二人合作伪造的，但此说没有说服力。有学者认为刘歆窜改了《左传》，加入杜撰的内容。

种种之处，令人生疑。

后世作伪者以《周礼》的记载伪造《连山》，所谓伪上加伪，正如汉王充《论衡·对作》："俗传蔽惑，伪书放流，贤通之人，疾之无已。14"

---

14 《三礼》为 仪礼、周礼、礼记。三礼者，《周礼》、《仪礼》、《礼记》是也。昔人谓《周礼》、《仪礼》均系周公所作，《礼记》则系汉戴德（人称大戴）、戴圣（人称小戴）叔侄所删记也。按汉何休疑《周礼》作于六国之时，宋儒亦多疑之。惟刘歆、郑玄信为周公致太平之书，但亦有谓为刘歆伪造者。清方苞《周官义》已开其端，近人康有为为《新学伪经考》，则亦言为歆伪造无疑也。

二、论《连山》为"向山而动"而非"连绵之山"

《连山》被后世学者称为《连山易》，而在春秋时期被称为《连山》，三易之名的最早记载《周礼·春官宗伯·大卜》："大卜掌三兆之法，一曰玉兆，二曰瓦兆，三曰原兆。其经兆之体，皆百有二十，其颂皆千有二百。掌三易之法，一曰连山，二曰归藏，三曰周易。其经卦皆八，其别皆六十有四。"

《连山》是上古三易之一，在已知最早的甲骨文中，"连"字已经缺失或者不存在，在西周金文中"连"的最初含义是表示"战车行进"的字义。在后世字义里，"连"字表示相连，连接和连绵不断，而在西周金文出现之前的夏朝用法里，"连"表示行动，行进，与"相连"并无太大关系。因此《连山》并不是表示"连绵之山"。

唐代贾公彦疏："名曰连山，似山出内气也者，此连山易，其卦以纯艮为首，艮为山，山上山下是名连山，云气出内于山，故名易为连山。"这种解释是并不符合《连山》的原始字义[15]。

在《周易古义考》中，刘大钧提出"《易》之"今义"凸显的是一种德性优先的浓郁人文关怀，而《易》之"古义"，则更多地关涉明阴阳、和四时、顺五行、辨灾祥等卜筮之旨。"[16]本文借鉴"古义"和"今义"的研究方法，通过对远古文字追溯探源，如古钵文、西周金文和篆书的写法，研究分析"连"字和"山"字的古义，对历代《连山》易的记载进行诠释，并且对后世学者关于《连山》字义的误读进行分析，提出

---

[15] 贾公彦为唐朝三礼学者，撰有《周礼义疏》五十卷、《仪礼义疏》四十卷。然而当时没有甲骨文研究，无法获知关于上古文字的字形字义变化。他关于《周礼》的注疏多采用郑玄的解释。他选用郑玄注本十二卷，汇综诸家经说，扩大为《义疏》五十卷。义疏体例基本上仿照《五经正义》。清乾隆间《四库全书总目提要》评曰："公彦之疏，亦极博该，足以发挥郑学。

[16] 刘大钧《周易》古义考. [J]. 中国社会科学, 2002 年第 5 期第 142-150 页.

关于《连山》的最新解释"跟随战车向山而动",这是一种经过严谨探讨研究之后的全新解释。

1、 "连山"字义探源

《连山》在先秦两汉的文学典籍中出现的记载并不多,其中儒家典籍《论衡》中出现 4 次,史学典籍 1 次,《古三坟·太古河图代姓纪》出现 1 次,《周礼》出现 2 次,《京氏易传》出现 1 次。这四本古代文献最早的出现在西周时期,最晚出现在汉朝,属于比较可信的历史记载。

以春秋时期古鉨文溯源殷商甲骨文和西周金文字义,《连山》的"连"字与后世字义的用法差异很大,通过古鉨文来追溯殷商时期以前的字义来看,"连"字为从足从车,字义为"战车跟随"的意思。甲骨文比西周金文和古鉨文出现的更早,虽然"连"字有缺失,然而必定会采用最原始的西周金文和古鉨文字义,而不会采用在金文之后的春秋时期的"相连"字义。因此《连山》的正确解释应该是"跟随战车向山而动"。

"连"字在篆文之前的古鉨文的字义解释是"战车行进","山"字变化不大,从最初的甲骨文一直到战国时期的《论语》,都是山峰,山的意思,因此从字义本源来看,夏朝时期的"连山"两个字最初的意思应为"跟随战车向山而动",而非后世学者所认为的山上山下相连,"似山内出气也",把"连"字认作、解释为"连接,相连"是后世学者望文生义,以讹传讹。

1. "连"字的字义探源与研究

"连"字的甲骨文暂缺,而古鉨文金文的解释为" (辵,行进) (车,战车),表示战车行进。"《说文解字》解释造字本义：古代会战阵形，战车并排而行。[17]篆文 承续金文字形。隶书 将篆文的"辵" 写成 。连，员连也。从辵从车。意思是"战斗人员与战车相随。字形采用"辵、车"会义。""连"字本为会意字，从车，为古代的人力车，即人拉的车。

　　鉨，通玺字，也有其他异体字如木、鈢、鉥等。东汉学者应劭在《汉官仪》解释："玺，施也，信也。"古玺在上古时期一般用来作信物，史载"皆作持信之用"，即后世的印玺。而古鉨文即古玺上制作的文字。在春秋战国时期，当时还没有出现"印"这个后世通行的名称，无论贵贱尊卑都是使用"鉨"这个字，而古鉨文因为制作材质的不同，则有朱文、白文和朱白文相间的古鉨文。

　　关于古鉨文收集的字相比甲骨文要多一些，因为甲骨文中"连"字缺失，只能通过延续西周金文的古鉨文字义来探源研究，以古鉨文追溯西周金文字义，西周金文也可以称为铭文或者叫钟鼎文，它是最早铸造或者镌刻于青铜器上的文字，目前所存的文字大多来源于青铜器上的铭文。[18]大部分学者认为周宣王在位时期铸造的毛公鼎金文，史学上又称西周金文，是为在殷商之后的金文的代表性文字，毛公鼎铭文目前的研究非常精确，经过考证已经研究确定的文字一共有500字，西周之后的金文约有3,005字，然而有一部分已经难以辨别，可辨识出来的金文文字，计有1,804字，比甲骨文略多。[19]然而毛公鼎和比较著名的禹鼎中都没有"连"字。商周时期盛行青铜器为贵重器物，"鼎"为青铜礼器代表，"钟"为乐器代表，因而冠名"钟鼎文"。

---

[17] 说文解字注[M]. 上海古籍出版社 ，（汉）许慎撰，1988.

[18] 西周金文官制研究[M]. 中华书局 ，张亚初,刘雨撰，1986.

[19] 殷周金文集成引得[M]. 中华书局 ，张亚初编著，2001.

金文大约可分为四个时期，其中有殷商金文（前1300年左右～前1046年左右）、西周金文（前1046年左右至前771年）、东周金文（前770年～前222年）和秦汉金文（前221年～219年）。最早的金文即殷商金文，距今为公元前1300左右～前1046年左右。这个时期的"连"字即表示人力车。

《说文解字》解释"连，负车也"。段玉裁注："连即古文辇也。"[20]在《庄子·让王》中记载"民相连而从之。"郑君、房君、司马君皆云："读为辇。"[21]辇即古代的人力车，而后世多指天子之车。

金文大篆中的"连"字写法延续了古鉌文金文的写法，只是下面的"辵"略又变形，更接近字形下部中心，但是字义没有变化，还是指人力车。如《周礼·故书巾车》记载"辇车组挽"的句子，辇通连，即连车，为人力车和负车。《周礼·乡师》则记载"与其辇连"，辇为古代的一种大马车，辇连，即为马车。《管子·海王》则记载"行服连轺辇者必有一斤一锯一锥一凿，若其事立。"因此，在殷商之前的远古时代，"连山"写作"辇山"或者"辇山"，为人力车或马车向山而动，向山行进。

"连"字在春秋时期出现的记载是在《诗经·大雅·文王之什·皇矣》"临冲闲闲、崇墉言言。执讯连连、攸馘安安。是类是禡、是致是附。四方以无悔。临冲茀茀、崇墉仡仡。是伐是肆、是绝是忽。四方以无拂。"这里的"连连"是形容连接不断的样子。"连"字表示"连绵不断"。已经不再是表示"人力车"，已经开始变化。《诗经》约成书于春秋时期，许多学者认为应该成书于春秋初期。春秋时期约存在于公元前770年～公元前476年/前403年。

---

[20] 说文解字注[M]. 上海古籍出版社，（汉）许慎撰，1988.

[21] 庄子今注今译[M]. 中华书局，陈鼓应 注译，1983.

到春秋晚期，也就是公元前 437 年，《春秋左传》里，"连"字出现了 9 次，但是都是用来作人名，没有使用"负车"或者"连接"的字义。如《春秋左传·庄公八年》："齐侯使连称，管至父，戍葵丘，瓜时而往。"[22]《春秋左传·僖公二十八年》："君其将以为戮，及连谷而死，晋侯闻之，而后喜可知也"。[23]

《春秋左传·宣公十二年》："射连尹襄老，获之，遂载其尸"等等。[24]《春秋左传》的成书年代，历来存在着较大的分歧，但是大部分世间都集中在从春秋末期到战国初期，即《春秋左传》的成书一定会晚于《诗经》，因此"连"字的变化比较大，不再用作人力车或负车，而是用来作姓名。这种情况一直持续到孔子去世之后。在《论语·微子》里，"连"字也是用作姓名，"逸民：伯夷、叔齐、虞仲、夷逸、朱张、柳下惠、少连。子曰："不降其志，不辱其身，伯夷、叔齐与！"再如"谓："柳下惠、少连，降志辱身矣。言中伦，行中虑，其斯而已矣。"其中"连"是少连的姓名，作人名使用，无实际蕴含意义。

而在《论语·离娄上》则出现为"联合"的字义，"此所谓率土地而食人肉，罪不容于死。故善战者服上刑，连诸侯者次之，辟草莱、任土地者次之。"这里的"连"字表示联合，联合诸侯的意思，与《诗经·大雅·文王之什·皇矣》的用法近似，而与"负车"则相去甚远。论语成书大约在孔子去世以后，应该不早于公元前 479 年。孔子生卒年为公元前 551 年-公元前 479 年。此时距离西周金文早期已经过了 820 年之久。刘大钧在《孔子与《周易》及《易》占》中阐述："依据《史记》、《汉书》的记载，孔子与《周易》有着密切的关系，尤

---

[22] 春秋左传注[M]. 中华书局，杨伯峻编著，1990.

[23] 春秋左传注[M]. 中华书局，杨伯峻编著，1990.

[24] 春秋左传注[M]. 中华书局，杨伯峻编著，1990.

其到了晚年，孔子特别喜欢《周易》。"[25]然而，孔子竟然没有提到关于《连山》、《归藏》的任何言论，可见当时上古三易只存《周易》，而孔子也无法见到。

由此可以看出，通过与西周金文最接近的古钵文字义，表示"连"字的最初含义，即战斗人员与战车相随。据《周礼》记载，《连山》既然相传为伏羲氏或神农氏所创，这两位古代圣贤所生活的时代必定早于殷商时期，由此看出《连山》至少成书于夏朝。

因而《连山》中的"连"字应该取其最先古钵文或者西周金文的含义"战车行进"的意思。在后世字义里，"连"字表示相连，连接和连绵不断，而在夏朝的用法里，"连"表示行动，行进，与相连并无关系。

2、"山"字的字义探源与研究

在《说文解字》中，这样解释"山"字，"山，甲骨文ᨈᨈ像遥望中地平线➖上起伏连绵的群峰ᨈᨈᨈ的线描，有三（众多）座峰头。金文➕写成剪影。有的金文➕将三个峰头▲▲▲简化成三个短竖、➕，淡化峰尖形象。篆文➕保留中间一座峰岭的象形特征"。造字本义：起伏叠嶂的峰岭。隶书山完全失去峰岭形象。两峰相连、或零散不成方向的小山叫"丘"ᨈ，众峰（三峰）相连、形成一定走向的群峰叫"山"ᨈ。[26]

山，宣也。宣气散，生万物，有石而高。象形。凡山之属皆从山。[27]意思是山的本意是宣发地气。高山宣发地气，散布四方，促生万物，有石崖而高耸。象高峰连绵之形。所有与山相关的字，都采用"山"作边旁。

[25] 刘大钧.孔子与《周易》及《易》占.[J]社会科学战线.2010年第12期210-218页.

[26] 说文解字注[M]. 上海古籍出版社，（汉）许慎撰，1988.

[27] 说文解字注[M]. 上海古籍出版社，（汉）许慎撰，1988.

《周易·蒙·彖传》记载"山下有险，险而止，蒙。蒙亨，以亨行时中也。匪我求童蒙，童蒙求我，志应也。初噬告，以刚中也。再三渎，渎则不告，渎蒙也。蒙以养正，圣功也。"以及在《周易·蒙·象传》里记载"山下出泉，蒙；君子以果行育德。"这里"山"字都是表示高山，山峰。与远古字义几乎没有差异。在《春秋左传·隐公五年》里记载"若夫山林川泽之实，器用之资，皂隶之事，官司之守，非君所及也。"[28]这里的"山"的字义也没有太多变化，仍然是指山峰，山。

《论语·八佾》里记载"季氏旅于泰山。子谓冉有曰："女弗能救与？"对曰："不能。"子曰："呜呼！曾谓泰山，不如林放乎？""山"字是指泰山，还是山峰、山的意思。在《楚辞·九歌·山鬼》篇记载"若有人兮山之阿，被薜荔兮带女罗。既含睇兮又宜笑，子慕予兮善窈窕。"这里还是指山峰，为"山"字的本义。

由此可以看出，从殷商时期一直到战国时期，"山"字的字义几乎没有变化，全部都是表示山峰，山的意思。即使到今天，山字的基本字义里，也代表高耸出地面的部分，或者形状像山的物体，如山墙。因此《连山》易中的"山"字取其本义是正确的，即山峰之山。

2、先秦两汉《连山》易的记载诠释

《连山》在先秦两汉的文学典籍中一共出现 8 次，其中儒家典籍 4 次，史学典籍 1 次，经典文献 3 次。最早的出现在西周时期，最晚出现在汉朝。其中，《论衡》中出现 4 次，《汉书》无记载，《周礼》出现 2 次，《京氏易传》出现 1 次。最重要的史书《史记》中竟然没有任何记载。司马迁不收入《史记》的原因应该在于失传的《日者列传》。

---

[28] 春秋左传注[M]. 中华书局，杨伯峻编著，1990.

"日者"，就是汉朝时对卜筮人的称谓。《墨子·贵义》说："子墨子北之齐，遇日者。日者曰：'帝以今日杀黑龙于北方，而先生之色黑，不可以北。'墨子不听，遂北，至淄水。墨子不遂而反焉。日者曰：'我谓先生不可以北。'"司马贞《史记索隐》按："名卜筮曰'日者'以墨，所以卜筮占候时日通名'日者'故也。班固《汉书·司马迁传》中记载《史记》缺少十篇。三国魏张晏指出这十篇中就包含《日者列传》，为汉元帝、成帝时的博士褚少孙补写的《史记》，现今《史记》中"褚先生曰"就是褚少孙。《史记》作为中国历史上最重要的史书，竟然不见《连山》的记载[29]。

1、《论衡·谢短》出现二次

原文为"问之曰："《易》有三家。一曰《连山》，二曰《归藏》，三曰《周易》。伏羲所作，文王所造，《连山》乎？《归藏》、《周易》也？秦燔五经，《易》何以得脱？汉兴几年而复立？宣帝之时，河内女子坏老屋，得《易》一篇，名为何《易》？此时《易》具足未？"[30]

《论衡》一书的作者是东汉文学家王充[31]，大约成品于汉章帝元和三年（公元86年），其中《谢短》篇的主要内容就是告知众人关于"文吏"与"儒生"的不足之处，也就是短处。当时儒生"自谓通先王之道"，"能说一经"，因此看轻文吏；于此相仿，文吏"自谓知官事，晓薄书"，也鄙视儒生。王充向儒生提出了许多一般儒生无法解答的五经中的问题，向文吏

---

29 司马迁认为史官的使命为明善恶，辩是非。如在《太史公自序》里说"述往事以思来者"。

30 论衡校释[M]. 中华书局，黄晖 撰，1990.

31 王充以道家的自然无为为立论宗旨，以"天"为天道观的最高范畴。以"气"为核心范畴，由元气、精气、和气等自然气化构成了庞大的宇宙生成模式，与天人感应论形成对立之势。其在主张生死自然、力倡薄葬，以及反叛神化儒学等方面彰显了道家的特质。他以事实验证言论，弥补了道家空说无着的缺陷。是汉代道家思想的重要传承者与发展者。

提出了许多有关公务中文吏无法解答的问题，[32]以惊醒这些坐井观天的学子。王充师从班彪，班彪为史学大家，作《史记后传》65篇以补充《史记》的缺失，王冲提出的这些问题里，其中关于上古三易的就是指《连山》《归藏》和《周易》，而他的根据是《周礼·春官宗伯》，他并没有亲自见过研究过《连山》等三易，只是根据古文献的记载来发问。由此可知，在汉朝时期《连山》就不被世人所知晓，这些学者没有见过三易原貌，因此也无法回答王充的问题。不过，后世近年来出土了一大批古代文献资料，如"1993年湖北江陵王家台出土的秦简《归藏》…"[33]这些资料会对今后的古代易学研究，具有重大的学术价值，一定会带来新的突破。

2、《论衡·正说》出现二次

第一次为"古者烈山氏之王得《河图》，夏后因之曰《连山》；烈山氏之王得《河图》，殷人因之曰归藏；伏羲氏之王得《河图》，周人曰《周易》。"[34]第二次为"既不知《易》之为《河图》，又不知存于俗何家《易》也，或时《连山》、《归藏》，或时《周易》。"[35]

《论衡·正说》中易学已经成为经学，而"今文经学"也成了最为重要的官学。但是，当时的经学注释是为了阐释儒家经典，但是这种阐释和注解对儒家经书形成了负面影响，《正说》就是王充对这种伪学进行了批评的阐述，王充指出，"经之传不可从，五经皆多失实之说"。[36]既不知《易》就是《河图》，又不知道在世间通行的是哪一家的《易》，或者是《连山》、《归藏》，或者是《周易》。此处《连山》的问题与

---

[32] 论衡校释[M]. 中华书局，黄晖 撰，1990.

[33] 刘大钧.孔子与《周易》及《易》占.[J]社会科学战线.2010年第12期210-218页.

[34] 论衡校释[M]. 中华书局，黄晖 撰，1990.

[35] 论衡校释[M]. 中华书局，黄晖 撰，1990.

[36] 论衡校释[M]. 中华书局，黄晖 撰，1990.

《论衡·谢短》篇完全一样，当时许多学者已经完全知道上古三易，这些问题都没有答案，可以确定当时《连山》等三易已经完全遗失。

3、《古三坟·太古河图代姓纪》[37]出现一次

在《古三坟·太古河图代姓纪》中记载，原文为"天皇始画八卦，皆连山名易，君臣、民物、阴阳、兵象始明于世。"《古三坟》是否是先秦古文献，后世颇多学者质疑，如"《汉书.艺文志》录古书为详，而三坟之书已不载，岂此书当汉而亡欤？元丰七年，予奉使西京，巡按属邑，而唐州之泌阳，道无邮亭，因寓食于民舍。有题于户：《三坟》书某人借去。亟呼主人而问之。曰：古之《三坟》也，某家实有是书。因命取而阅之。

《三坟》各有《传》，《坟》乃古文，而《传》乃隶书。观其言简而理畅，疑非后世之所能为也。就借而归录，间出以示好事，往往指为伪书。"

《古三坟》是否就是上古三易，历来学者众说纷纭，最早记载是《春秋左传·昭公十二年》："左史倚相趋过。王曰：'是良史也，子善事之。是能攻《三坟》、《五典》、《八索》、《九丘》。'"[38]杜预注释："皆古书名。"《尚书序》称："伏羲、神农、黄帝之书，谓之《三坟》，言大道也。少昊、颛顼、高辛（喾）、唐（尧）、虞（舜）之书，谓之《五典》。"[39]

《古三坟》的出现大约在北宋时期，言语用词与春秋战国时期有很大差别，其中记载的三坟为《山坟》、《气坟》、《形坟》三篇，而《山坟》就被称为《连山》，以八卦象

---

[37] 《古三坟》几乎可以确定为伪书，因为言辞鄙陋，难以入目，千百年无人相信。《四库提要》评价说"（其）又杂以《河图代姓纪》及《策辞政典》之类，浅陋尤甚。至以燧人氏为有巢氏子、伏羲氏为燧人氏子，古来伪书之拙莫过于是。故宋元以来自郑樵外，无一人信之者。"

[38] 春秋左传注[M]. 中华书局，杨伯峻编著，1990.

[39] 尚书译注[M]. 上海古籍出版社，李民，王健撰，2004.

"君、臣、民、物、阴、阳、兵、象"，卦序则以山为首卦，其八卦卦名也怪诞不经，如叠山象、藏山兵、连山阳、潜山阴、兼山物、列山民、伏山臣、崇山君，言辞直白，辞意浅陋，大多数后世学者已经认为其为宋人所伪撰，因此《古三坟》的记载不能说明《连山》的原意。

4、《周礼·春官宗伯》出现二次

在《周礼·春官宗伯》中记载："大卜：掌三易之法，一曰"连山"，二曰"归藏"，三曰"周易"。其经卦皆八，其别皆六十有四。"[40]这里是后世学者引用最多的经典文献。上古三易之名也是出自此处。大卜掌握了三种易的卜筮之法。《周礼》只记载了《连山》的名称，而没有具体解释名称的含义，但是记载了它也是"经卦为八，其别皆六十有四"，因此后世学者多认为《连山》与周易一样，卜筮时采用八卦[41]。

"筮人：掌三易以辨九筮之名，一曰"连山"，二曰"归藏"，三曰"周易"。九筮之名，一曰巫更，二曰巫咸，三曰巫式，四曰巫目，五曰巫易，六曰巫比，七曰巫祠，八曰巫参，九曰巫环。"[42]三易之名第二次出现，《连山》与《周易》并称，因此可以确定《连山》是采用八卦形式的卜筮之书。

5、《京氏易传·归妹》出现一次

《京氏易传·归妹》记载的关于《连山》的内容其实是从《周礼》引用过来："太卜一曰《连山》，二曰《归藏》，三曰《周易》。"初为阳，二为阴；三为阳，四为阴；五为阳，六为阴。"[43]《京氏易传》成书于西汉，这本书虽然名叫"易传"，其实并没有太多诠释《周易》的经义，应该归类于卜筮书，尤其关于《连山》的记载没有超出《周礼》的内容。

---

[40] 周礼正义[M]. 中华书局，（清）孙诒让撰，1987.

[41] 《连山》虽与《周易》相似，但是卜筮之法却决然不同。上古大卜用《三易》兼看。

[42] 周礼正义[M]. 中华书局，（清）孙诒让撰，1987.

[43] 周礼译注[M]. 上海古籍出版社，杨天宇撰，2004.

3、后世学者对《连山》字义的误读分析

东汉学者郑玄在《周礼注》中解释："连山"字义为山出内气，山连山。原文为"名曰连山，似山出内气变也。"《说文解字》解释说："云，山川气也。从雨，云象云回转形。凡云之属皆从云。"[44]郑玄认为云从山中聚集，然后从山川上空升腾到天空，云雾弥漫。《连山》即象山中的云雾一样连绵而出，亦如群山一般在地平线上耸起，群山万壑连绵不断。

郑玄在《易赞》、《易论》继续采用这种看法："连山者，象山之出云连连不绝。"而且更加直接解释为"出云"，即像云一样连绵不绝。郑玄是东汉古文大家，他师从张恭祖学《古文尚书》和《周礼》，也是从《周礼》中看到《连山》等三易名称。

东汉时期，《连山》《归藏》早已遗失，郑玄并无实际见过《连山》，因此他的判断只能算是猜测之言。然而后世学者竟然大多采用的郑玄的猜测和判断。汉朝桓谭在《新论》中说："《易》一曰《连山》，二曰《归藏》，三曰《周易》。《连山》八万言，《归藏》四千三百言。《连山》藏于兰台，《归藏》藏于太卜。"桓谭的说法自古以来只有他一人说《连山》八万言"藏于兰台"等等，这个为孤证，同时期的学者和古典文献里没有类似的记载，不知他的根据来源，因此不足采信。然而后世学者亦步亦趋，以为《连山》的介绍是真实历史，引证颇多，以至于谬误扩散越来越大。

如唐代贾公彦疏："名曰连山，似山出内气也者，此连山易，其卦以纯艮为首，艮为山，山上山下是名连山，云气出内于山，故名易为连山。"贾公彦为唐朝经学大家，精通《周礼》，并且着有《周礼义疏》一书。他对于《连山》的注解也继承了郑玄，并且在郑玄判义的基础上，扩充为《连山》首卦为艮卦，即大艮卦，艮上艮下，艮的象为山，上下皆山，就如同山中溢出云气，因此称为《连山》。

---

[44] 说文解字注[M]. 上海古籍出版社 ，（汉）许慎撰，1988.

陈寿在《三国志·魏志·高贵乡公传》中也记载说："连山似山出内气，连天地也。"陈寿为西晋史学家.《三国志》成书也晚于《周礼注》。陈寿对于《连山》的解释与郑玄同出一辙，都是以为"连"字的字义是"相连"，不知西周金文以前的"连"字当车从足，为"战车跟随"的意思，望文生义，因而出现解释谬误。

结束语

刘大钧在《20世纪的易学研究及其重要特色——《百年易学菁华集成》前言》里有一段意义深远的阐述："在西方学术思想的影响下，学者们用新的研究视野和历史观念对易学展开了全新的研究"[45]。

通过借鉴"古义"和"今义"的研究方法，以春秋时期古鉨文字义溯源甲骨文和西周金文字义，《连山》的"连"字与后世字义的用法差异很大，如果用"相连"来解释，可以说《连山》为"山之相连"，然而通过古鉨文来追溯殷商时期以前的字义来看，"连"字为从足从车，字义为"战车跟随"的意思。因此《连山》易的正确解释应该是"跟随战车向山而动"的易。"今天的易学研究只有"面向易学作为经学的事实本身"，才能仗源远流长的易学文化得到真正的继承与发扬，更好地应对时代和未来的问题。"[46]这句话正是本文对于《连山》研究探讨的宗旨。

三、水书《连山易》非《连山》

中国少数民族中的水族，保存了一本怀疑是《连山》的千年重要传统宗教书籍，称为水书。根據水书中的图画和思想，

刘大钧. 20世纪的易学研究及其重要特色——《百年易学菁华集成》前言.[J].周易研究,2010年第1期

刘大钧. 20世纪的易学研究及其重要特色——《百年易学菁华集成》前言.[J].周易研究,2010年第1期第3-12页.

以及水书的来源，极有可能与失传的《连山》有渊源。现在有水族文化的博物馆保存了一本受捐赠的水书。[47]

水书《连山》（姑且称之）非连山，但亦价值巨大，世人莫知也。

四、引用《说文解字》刻本简介

《说文解字》采用清代陈昌治刻本。

《说文解字》简称《说文》，是一部中国东汉许慎编着的**文字**工具书，全书共分 540 个部首，收字 9,353 个，另有"重文"（即异体字）1,163 个，说解共享 133,441 字，原书分为目录一篇和正文 14 篇。原书现已失落，但其中大量内容被汉朝以后的其他书籍引用，并有北宋徐铉于雍熙三年（986 年）校订完成的版本（称为"大徐本"）流传至今。宋以后的说文研究著作多以此为蓝本，例如清朝的段玉裁注释本。在四库全书中为经部，是中国现存最早字典。

《说文解字》的早期传本不得而知，据记载，最早的刊刻者是唐代的李阳冰，他在代宗大历年间刊定《说文解字》，但其中掺杂李氏臆说颇多。南唐徐铉、徐锴兄弟二人精研《说文解字》，徐锴的《说文解字系传》是第一种《说文解字》的注本，成书于南唐末年，世称小徐本，徐锴对李阳冰谬说多有匡正。徐铉于宋太宗雍熙年间奉旨校定《说文解字》，世称大徐本。

清朝嘉庆十四年（1809），孙兴衍又据宋本重刻，即平津馆本，到同治十二年（1873），陈昌治又据平津馆本翻刻，1963 年中华书局影印此书，后世多此刻本。（摘自韦力着《鲁迅古籍藏书漫谈》）

---

[47] 水书《连山》据说五册（八万字左右），书内载反八卦太极图，仅从字数和阴八卦而言，便知其非《连山》，然而也不算伪书，其内容其实为另外一部奇书，此为传承之密，不可言之，请读者原谅。

陈昌治是清代同治年间的广东番禺文人、书商，陈昌治刻本『说文解字』是同治十二年（1873）在番禺刻印，由李承绪摹篆，黎永椿校，廖廷相、王国瑞等覆校，广州书坊富文斋刊印，世称"陈刻本"或"一篆一行本"。富文斋是当时广东地区著名的刻印机构，所刻书籍涉及经史子集（其中以地方人士著述和方志为主），且多为时人所委托。此点在牌记上有所反映，如《东汉会要》题"粤东省城西湖街富文斋承刊印售"，张维屏《艺谈录》题"粤东省城西湖街富文斋承接刊印"，屠英等修、胡森等纂《肇庆府志》题"羊城内西湖街富文斋承刊印"等。

（摘自廊坊师范学院文学院讲师胡永鹏论文《陈昌治刻本《说文解字》考略》）

五、陈氏旧藏琐记

1、陈金雀[48]

男，昆曲旦角。原名陈煦棠。祖先原为桐城姚氏，历史名人有姚鼐等，因嘉庆皇帝赐姓为陈，从此改姓陈氏，籍贯江苏金匮，即今无锡市[49]。

---

[48] 陈金雀家所用的就有余庆堂、松寿堂、寿守堂、观心室等，他一门三代亲笔过录校订了大量昆曲演出本、曲谱、锣鼓谱、身段谱和升平署承应戏等。

[49]《扬子晚报》2011年9月19日文章：无锡还有一个古称叫"金匮"，这个则和晋代的传奇人物郭璞相....在秦、汉时期，我国有"金匮石室"的制度，指"古时国家收藏重要文书之处".....传说风水研究很深的郭璞曾埋黄金符匮于山下，时有紫气升腾，故名金匮山、紫金山。清雍正二年（1724）无锡析置无锡、金匮两县，同城而治，金匮县名即取此山名而称。而直到辛亥革命成功，两县才合为无锡县。

明朝姚氏子姚广孝[50]以术数辅佐朱棣，然而不肯收徒，朱棣后派人前往姚氏旧居寻访通术数者，竟不得。

康熙五十二年（公元 1713 年）戴名世《南山集》案引发清朝文字狱，桐城姚氏一族多受牵连，后裔获罪籍没为伶人[51]。

陈金雀被苏州织造府选中送进宫廷承差，他所演的昆曲《金雀记》，名噪京城，嘉庆皇帝赐姓为"陈"，"陈金雀"这个名字是清帝所赐。

咸丰十年，陈金雀被召进宫为万寿节演戏庆祝，他将先世遗下的手抄《昆剧全目》带入宫中，书中的剧目都是他进宫廷里点的戏目，咸丰十年八月二十三日英军侵入北京圆明园，火烧圆明园，陈金雀和宫廷内府戏班也仓促避难，该书遗失。

2、清宫藏《昆剧全目》《阴符经》[52]

同年九月初五，陈金雀带两个儿子及好友返回园中，那天下着蒙蒙细雨，他惊喜地在道旁水中发现这本珍贵的册子，于是急忙将它取起晒乾后藏于筐中，另外还有一本是钦天监藏《阴符经》（唐朝李靖书，非现今传世之《黄帝阴符经》，然而目前存世有李靖《阴符机》一书存目，恐一字之误也）。

民国时期上海著名昆曲家李翥刚先生当得知陈金雀后人

---

[50]姚广孝（1335 年－1418 年），幼名天僖，赐名广孝，法名道衍，字斯道，又字独暗，号独菴老人、逃虚子。江浙等处行中书省平江路（明为南直隶苏州府）长洲县（今江苏省苏州市）人。中国元末明初政治人物、僧人、诗人，明成祖靖难之役的谋臣之一。金匮陈氏为姚广孝六壬一脉传承。

[51] 古代伶人多不识字，惟金匮陈氏知书达礼，不仅藏书丰富，且多有著述，如陈金雀著有《七声反切易知》、《见闻杂记》、《填词姓氏考》、《明心鉴51》、《剧出书目录》和《杂剧考原》六种，"皆叙述乐部声容、词曲原委，及教诲梨园子弟心法也"

[52]《阴符经》非传世之《黄帝阴符经》，也非李靖先生的《阴符机》一书，名同而内容迥异。

陈富瑞[53]收藏有这么一本珍贵的昆曲史料后，千方百计借得此书，并亲自一笔一划将其抄录下来，后来，陈金雀的后人所收藏的这本《昆剧全目》也不知所踪，李熹刚的这本抄本就成为了《昆剧全目》惟一的孤本了。至今陈列在昆曲博物馆。这本书记载了各类昆曲传统折子戏目录 1298 出，大多是清代中叶仍在舞台上演出的戏目。而《阴符经》古秘本则不知归属。

陈金雀长子陈寿峰，另有子陈连儿。梅巧玲 1860 年娶陈金雀之女陈氏为妻。陈氏心地善良，善于治家，比梅巧玲小 2 岁。两人婚后育有二子二女。两个儿子，一为梅雨田，一为梅竹芬，梅竹芬即京剧表演大师梅兰芳先生的父亲。

陈氏为梨园世家，陈金雀后人多从事京剧表演艺术。

3、金匮陈氏旧藏

据吴书荫：《北大藏程砚秋玉霜簃戏曲珍本丛刊》序

程砚秋先生的玉霜簃书斋里，藏有大批清代梨园传本，都是舞台上久演不衰的南戏、元杂剧、明清传奇和杂剧的演出本，为戏曲史和昆曲表演艺术研究者所瞩目。这批梨园传钞本来源于金匮陈氏旧藏。清末民初，在北京梨园界中，藏钞本戏曲最富者，一为金匮陈氏，一为怀宁曹氏[54]，两家所藏，约计四

---

[53] 据先父陈玉申先生言，先祖陈富瑞先生大约在 1932 年-1940 年之间数次从北京去上海演出，李熹刚先生大约就是在这个时期借阅抄写《昆剧全目》，抄写完之后托一位朋友带书到北京还给陈家，然而就此音信全无，不知所踪。

[54] 金匮陈氏后人陈玉申，娶怀宁曹氏女曹玉岩为妻。陈玉申，男，京剧净角。出身梨园世家，父亲是富连成名净陈富瑞，祖父名笛师陈嘉梁，曾祖陈寿峰，老祖是著名的京剧十三绝之一的陈金爵。其《拿高登》、《通天犀》、《收关胜》、《芦花荡》、《斩颜良》、《打焦赞》等剧受到专家同行和观众的赞誉和喜爱，特别是在优秀现代京剧《奇袭白虎团》中扮演吕佩禄，他塑造的"炮筒子"性格和精湛表演的艺术形象给全国观众留下了深刻的印象，深为大家熟悉和喜爱，为中国戏剧家协会会员。

曹玉岩，著名的影视剧化装师，原先在山东省某事业单位工作，后来因为始终酷爱艺术，所以转而从事影视剧的化妆工作，其中也包括舞台剧。最早曾在香港电视剧《八仙过海》中出任化装师，该剧当年红极一时。后来又担任多个电视剧的化妆师，有《乌龙闯情关》、《孔子》《孙子》等。为电视台多个节目的特邀化妆师。

千余册。

金匮陈氏，指清嘉庆、咸丰时著名昆曲演员陈金雀，他祖籍金匮（今江苏无锡），寓居于苏州。他原名双贵，字熙堂，号金觉。幼师从老教习徐懋德，学习声律音韵。嘉庆十六年（一八一一），由苏州织造府选送南府司乐，拜师孙茂林，习小生。因首演《金雀记·乔醋》，得到嘉庆皇帝的赏识，赐名"金雀"，遂以此名行世。

道光七年（一八二七），南府改制，裁退民籍学生，金雀依附外班演出。"每当广筵通肆，按拍倚声，听者无不击节，信绝技也"。咸丰十年（一八六〇），再应召入南府，为升平署总教习。同治二年（一八六三）秋，诏永远裁革。金雀得暇，遂闭户读书，尤嗜古篆，自号学古篆伶人。

光绪三年（一八七七）卒，享年八十七岁。著有《七声反切易知》、《见闻杂记》、《填词姓氏考》、《明心鉴[55]》、《剧出书目录》和《杂剧考原》六种，"皆叙述乐部声容、词曲原委，及教诲梨园子弟心法也"。

长子寿山，也习小生，曾搭三庆、四喜班演出；仲子寿彭、季子寿峰皆为升平署供奉；寿峰长子嘉梁，为清末民初著名笛师，曾为梅兰芳司笛和授曲。其婿钱阿四（名玉寿）、梅巧玲（梅兰芳祖父）都是当时的昆曲或京昆兼擅的名旦。光绪三年（一八七七）金雀病故后，兄弟分居，他毕生搜集和钞订的梨园曲籍尽归寿峰所有，而杂类书籍则归陈嘉梁。

陈嘉梁子陈富瑞（1904～1971）男，京剧净角演员。富连成出科后搭斌庆社，为李万春、王少楼配戏。曾于中华戏曲专科学校任净行教师。1951年至华东戏曲学校授艺。1952年入上海京剧院。1955年调上海戏曲学校昆曲班任教。上海著名昆曲家梅竹芬先生即从陈富瑞处借得《昆剧全目》，据陈氏后人陈富瑞之子陈玉申先生所言，原书早已不知所踪。

---

55 《明心鉴》原著为陈金雀，后北大图书馆藏抄本被冒题"清吴永嘉撰"。近人多不知其原著者，实为陈金雀。

怀宁曹氏，指安徽怀宁曹春山，名福林，唱昆曲老生，其父曹凤志，工昆曲小生，父子俩都是嘉庆、同治年间四喜班的昆曲名角。曹春山之子曹心泉则是近代著名的戏曲音乐家。这两个梨园世家所藏曲本，大部分是两家和昆曲班社的演出本，还有不少钞本出自内府和升平署。民国十四年（一九二五），陈嘉梁在京逝世，未几二千余册藏曲让归梅兰芳和程砚秋，二人各得其半。世称"梅氏缀玉轩藏曲"和"程氏玉霜簃藏曲"，成为当时的一件盛事，传为曲苑佳话。

4、金匮陈氏藏本《连山》易

本书根据金匮陈氏藏孤本《连山》整理出版。

《连山》上古名为《轝山》，原文散佚，不著撰人，分为五宫"轝、山、戈、亡、甘"，对应《周易》震艮巽兑四卦，中至一宫，天元地方，每宫除首卦之外各领十二卦，合计六十四卦。"天元"谓宇宙洪荒为元首原始，"地方"谓大地有方位，非指地之形状为四方形。

"连"字上古写作"轝（轝）"字，意为"负车"，轝（轝）古义为战车，从车，在这里用作动词，"轝山"即"负车向山而动"。

《连山》以"震卦"为首，其中用意"震为雷"。《诗含神雾》曰："大迹出雷泽，华胥履之，生伏牺。"传统为阳奇阴偶，故震为阴，巽为阳。

《竹书纪年[56]》曰："太昊伏羲氏，以木德王，为风姓"则华胥氏为"震雷"，伏羲氏为"巽风"。《周易·象》曰:云行雨施，品物流形，大明终始，六位时成，时乘六龙以御天。

---

[56] 根据《晋书·卷五十一列传第二十一·束皙》记载，在晋武帝太康二年，名叫不准（音 Fǒu Biāo）的汲郡人盗墓，得到墓冢的竹简数十车，皆以古文（比当时通用的文字还要古的战国文字，或说"蝌蚪文"，或说"古文"，或说"小篆"，不一而足）记载，史称"汲冢书"。其中有记载夏商周年间的史书十三篇，晋人初名之"纪年"（又称"汲冢纪年"）。

"震雷"之数六，合天之数。邵康节《皇极经世书》曰：气以六变，体以四分，体四而变六，兼神与气也，气变必六，故三百六十也。天六地四。《皇极经世书》又曰：乾一兑二离三震四巽五坎六艮七坤八。《归藏》以先天卦逆数为用。乾九兑八离七震六巽四坎三艮二坤一，中央五宫不用。[57]

金匮陈氏本姓姚，姚者，兆也。西周太卜掌三兆之法。姚氏为太卜一脉，自周至今，守护三易之秘，已历千载，惟期后人知金匮陈氏原本姓氏为"宗伯"也，类如本书作者姓名先祖华夏宗伯姓氏，名政耀，字翼云。

本书采用采用古文注释资料来源于：

汉典网，象形字典网，谷歌搜索，百度搜索，网易，中国哲学书电子化计划网。

所引用书目为《说文解字》、《说文解字注》、《周礼》《周易》、《康熙字典》等。

《连山》卦与《周易》卦意截然不同。筮法已失传。

中书监荀勖、中书令和峤奉命将散乱的竹简排定次序，并用当时通用的文字考订释文，遂有初释本竹书纪年。又称"荀和本"。凡十三篇，按年编次，叙夏、商、周三代，接以晋国、魏国排次，而周平王东迁后以晋国纪年，三家分晋后以魏国纪年，至少今王二十年止。初释本认为竹简所记的今王应该是魏襄王，汲郡所盗的墓冢应该是魏襄王的。

当时和峤认为竹书纪年起自黄帝，但是这个意见未被采纳，或将记载黄帝以来史事的残简作为附编收录。

[57] 顾炎武《日知录·三易》："连山，归藏非易也。而云易者，后人因易之名以名之也。" 又记载"《左传·僖十五年》：战于韩，卜徒父筮之曰吉，其卦遇《蛊》，曰：「千乘三去，三去之馀，获其雄狐。」《成·十六年》：战于鄢陵。公之，史曰吉，其卦遇《复》，曰：「南国戚，射其元王中厥目。」此皆不用《周易》，而别有引据之辞，即所谓《三易》之法也。"此为顾炎武推测之语，蛊复仍为《周易》。

甲，輦卦始，计十三卦

一、輦卦（音捻，同周易震卦[58]）

輦（輦）

甲骨文	金文	篆文	隶书	楷书	行书	草书	繁体标宋	简体仿宋	简化方案
缺	連	轉	連	連	连	連	連	連	连
独行	古卦	说文解字	吉庄冯	武生荷 欧具积	李昌	怀人	旧词学库	行画学案	采用伯体楷书了甲《简笔简化。如：車→车；連→连》

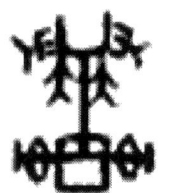

甲骨文"輦"。
『说文解字注』[59]

輦，挽车也。谓人挽以行之车也。小司徒輦輦注曰。輦、人挽行。所以载任器也。司马法云。夏后氏谓輦曰余车。殷曰胡奴车。周曰辎輦。夏后氏二十人而輦。殷十八人而輦。周十五人而輦。故书輦作连。郑司农云。连读为輦。按夫部、并行也。輦字从此。輦设辂于车前。用索挽之。故从车会意。在前。车在后。故连字下曰负车。连輦古今字。周礼、管子皆作连。此车名輦。挽此车之人名輦者。尔雅曰。徒御不警。徒、輦者也。毛传同。又诗。我任我輦。毛传曰。任者、輦者。释名曰。

---

[58] 《竹书纪年》曰："太昊伏羲氏，以木德王，为风姓"则华胥氏为"震雷"，伏羲氏为"巽风"。因此，《连山》以輦卦为首卦。

[59] 本文引用《说文解字》和《说文解字注》时，一些古字无法显示，因此多有遗漏，作者本人水平有限，请读者原谅。

辇、人所辇也。从车。在车前引之也。会意。力展切。十四部。

详细字义

◎辇 niǎn〈名〉

（1）（会意。从车，两"夫"（男子）并行，拉车前进。本义：古时用人拉或推的车）

（2）同本义

辇，挽车也。——《说文》

与其辇辇。——《周礼·乡师》。注："人挽行。"

我任我辇。——《诗·小雅·黍苗》

以乘车辇其母。——《左传·庄公十二年》

辇重如役。——《左传·襄公十年》

恃辇而行。——《战国策·赵策》

扶辇下除。——《汉书·李广苏建传》

（3）又如：辇车（古代用人挽拉的辎重车；古代宫中用的一种便车，多用人挽拉）；辇舆（用人拉车；人抬的车，即后世轿子）；辇夫（车夫）；辇道（车道）

（4）秦汉后特指君后所乘的车。如：辇辂（皇帝的车驾）；辇毂（皇帝坐的车子）；辇舆（车子）；辇道（帝王车驾所经的道路）；辇路（天子御驾所经的道路）；辇乘（指帝王与后妃专用的车乘）；辇御（皇帝的车舆）

（5）借指京城 [capital]

子弟生长京辇。——陈琳《为袁绍上书》

（6）又如：辇洛（京洛。指京都）；辇毂（代指京城）

词性变化

◎辇

辇 niǎn〈动〉

（1）拉车 [draw a carriage]

天子召诸侯，诸侯辇舆就马。——《荀子·大略》

（2）又如：辇土（用手拉车运送泥土）；辇运（车运，拉车运输）；辇重（挽引重车）

（3）乘车 [ride]

王子皇孙，辞楼下殿，辇来于秦。——唐·杜牧《阿房宫赋》

（4）如：辇从（同车的随从）

（5）载运；运送

辇金输虏庭。——陆游《闻虏乱次前辈韵》

（6）又如：辇送（运送）；辇致（送达）；辇运（运输）

English

hand－cart

《周易》第五十一卦震 震为雷 震上震下

震：亨。震来虩虩，笑言哑哑。震惊百里，不丧匕鬯。

彖曰：震，亨。震来虩虩，恐致福也。笑言哑哑，后有则也。震惊百里，惊远而惧迩也。出可以守宗庙社稷，以为祭主也。

象曰：洊雷，震；君子以恐惧修身。

初九：震来虩虩，后笑言哑哑，吉。象曰：震来虩虩，恐致福也。笑言哑哑，后有则也。

六二：震来厉，亿丧贝，跻于九陵，勿逐，七日得。象曰：震来厉，乘刚也。

六三：震苏苏，震行无眚。象曰：震苏苏，位不当也。

九四：震遂泥。象曰：震遂泥，未光也。

六五：震往来厉，亿无丧，有事。象曰：震往来厉，危行也。其事在中，大无丧也。

上六：震索索，视矍矍，征凶。震不于其躬，于其邻，无咎。婚媾有言。象曰：震索索，未得中也。虽凶无咎，畏邻戒也。

陈翼云曰：

辇卦上下皆震卦，象为"挽车相连"，为车队，为行动。即车队连绵而动。

二、父卦（同周易姤卦）

父

甲骨文	金文	篆文	隶书	楷书	行书	草书	明体字库

字源解说

"父"是"斧"的本字。父，甲骨文在"又"字上加一竖指事符号，代表手上持握的石斧或石凿之类的工具。造字本义：手持石斧，猎捕或劳动。金文画出尖锐的石斧形状。篆文承续金文字形。隶书将篆文的"又"写成，字形变化较大。当"父"的"持斧"本义消失后，再加"斤"另造"斧"代替。远古时代利用工具进行体力劳动，对开创生活具有重大意义，受到特别尊重，因此"父"是古人对从事劳动的男子的尊称。

《说文解字》【卷三】【又部】

父，矩也。家长率教者。从又举杖。扶雨切。

《说文解字白话版》

父，是规矩的代表，是一家之长，是带领、教育子女的人。字形采用"又"作边旁，像一手举杖教训子女的样子。

清代段玉裁『说文解字注』

父，巨也。以叠韵释之。家长率教者。率同率。先导也。经传亦借父为甫。从又举杖。学记曰。夏楚二物。收其威也。故从又举杖。扶雨切。五部。

基本词义

◎父 fù

〈名〉

（1）（指事。甲骨文字形，象右手持棒之形。意思是：手里举着棍棒教子女守规矩的人是家长，即父亲。本义：父亲）

（2）同本义

（3）某人直系血统的上一代男性［ｆａｔｈｅｒ］

父，家长举教者。——《说文》

生曰父，死曰考。——《礼记·曲礼》

（4）又见父之执。疏："父执，谓执友与父同志者也。"

父母者，人之本也。——《史记·屈原贾生列传》

父至尊也。——《仪礼·丧服传》

（5）又父子手足也。

父者子之天也。

乾为父。——《易·说卦》

父者，家之隆也。——《荀子·致仕》

孙文举年十岁，随父到洛。——《世说新语·言语》

（6）又如：父执（父亲的朋友）；父祖（父亲和祖父）；父宗（父亲的继承人）；父艰（父丧。同父忧）；父任（儿子因父亲任官而得官职）；父执（父亲的朋友）；父族（父亲的亲族）；父业（父亲的事业）

（7）对某一种大事业的创始者的尊称。如：国父；革命之父；氢弹之父；原子能之父

（8）指万物化生之本

乾为父。——《易·说卦传》

（9）又如：父天（以天为父）；父母国，父国，父母之邦（祖国）

（10）对和父亲同辈的男性亲属的称呼。如：伯父；叔父；祖父；父老。后亦以称姻亲中的长辈。如：舅父；姨父；岳父

（11）古代天子、诸侯对同姓长辈的称呼

40

以速诸父。——《诗·小雅·伐木》

（12）亦指与雏、崽有直接血缘关系的禽兽中的雄性。如：父马（雄马）

（13）上古对官长的称呼。宋时，羌、西夏等少数民族对汉族官长亦尊称"父"［official］。如：父师（太师。上古三公之一）；父舅（古代天子对诸侯的称呼。同姓诸侯称父，异姓的称舅）

汉英互译

◎父
father   sire
English

Father ; Kang Xi radical

《周易》第四十四卦 姤 天风姤 乾上巽下

姤：女壮，勿用取女。

彖曰：姤，遇也，柔遇刚也。勿用取女，不可与长也。天地相遇，品物咸章也。刚遇中正，天下大行也。姤之时义大矣哉！

象曰：天下有风，姤；后以施命诰四方。

初六：系于金柅，贞吉，有攸往，见凶，羸豕踟躅。象曰：系于金柅，柔道牵也。

九二：包有鱼，无咎，不利宾。象曰：包有鱼，义不及宾也。

九三：臀无肤，其行次且，厉，无大咎。象曰：其行次且，行未牵也。

九四：包无鱼，起凶。象曰：无鱼之凶，远民也。

九五：以杞包瓜，含章，有陨自天。象曰：九五含章，中正也。有陨自天，志不舍命也。

上九：姤其角，吝，无咎。象曰：姤其角，上穷吝也。

陈翼云曰：

父卦为率，为带领，为始。

三、虫卦（同周易丰卦）

虫

甲骨文					篆文		金书	楷书	异体	繁体	珍宝字体
							虫	虫	虫	虫	虫

字源解说

"虫"与"它"、"也"同源，都是"蛇"的本字，后分化。虫，甲骨文像头尖身长的爬行动物，蛇。有的甲骨文将蛇头写成"箭号"形状。有的甲骨文将蛇头写成棱形的。金文承续甲骨文字形。有的金文在蛇的头部加两点，表示胸前伪装两个大眼睛的眼镜蛇。造字本义：蛇。篆文夸大蛇的头部。隶化后楷书虫严重变形，蛇形尽失。当"虫"的"蛇"本义消失后，篆文再加"它"另造"蛇"代替。

【卷十三】【虫部】

虫，一名蝮，博三寸，首大如擘指。象其卧形。物之微细，或行，或毛，或赢，或介，或鳞，以虫为象。凡虫之属皆从虫。许伟切。

（虫 chóng）有足谓之虫，无足谓之豸。从三虫。凡虫之属皆从虫。直弓切。

虫，一个名字叫"蝮"，宽三寸，头部大如拇指。字形像蝮蛇趴卧的样子。小动物的微细差别，体现于它们有的能走动，有的长毛，有的寄生，有的披甲，有的披鳞，都以虫的特征为形象基础。所有与虫相关的字，都采用"虫"作边旁。虫（chóng）有脚的叫它"虫"，没有脚的叫"豸"。字形采用三个"虫"会义。所有与虫相关的字，都采用"虫"作边旁。

详细字义

◎虫

虫 chóng〈名〉

（1）（会意。汉字部首之一，从"虫"的字多与昆虫、蛇等有关。按："虫"甲骨文字形象蛇形，本读huǐ，即虺，是一种毒蛇。后为"虫"的简体。本义：昆虫的通称）

（2）同本义［insect］

虫，有足谓之虫，无足谓之豸。——《说文》

风为虫。——《孔子家语·执辔》

烦气为虫。——《淮南子·精神》

禽兽虫蛾。——《列子·黄帝》

虫飞薨薨。——《诗·齐风·桑柔》

古人之观于天地、山川、草木、虫鱼、鸟兽，往往有得。——王安石《游褒禅山记》

人民不胜虫蛇。——《韩非子·五蠹》

（3）又如：虫豸（昆虫；虫子）；虫蛭（小虫子）；虫天（百虫能各自适应所处的环境）；虫吊（虫声。其声凄切，有如吊问）；虫出（人死后数日则尸体生虫。喻死后不得入土安葬）

肉腐出虫。——《荀子》

（4）古代泛指所有的动物［animal］

蛟虫死。——《吕氏春秋·览冥》

（5）又如：长虫（大虫。方言。指老虎）；虫虾（指鱼虾）；虫虱（泛指蛀虫）；虫网（谓蜘蛛布网）

（6）虫灾。如：虫霜水旱（指农田的四大害）；虫妖（虫类造成的灾害。多指蝗灾）

汉英互译

◎虫

insect worm bug
English

insects, worms;

《周易》第五十五卦 丰 雷火丰 震上离下

丰：亨，王假之，勿忧，宜日中。

象曰：丰，大也。明以动，故丰。王假之，尚大也。勿忧宜日中，宜照天下也。日中则昃，月盈则食，天地盈虚，与时消息，而况人于人乎？况于鬼神乎？

象曰：雷电皆至，丰；君子以折狱致刑。

初九：遇其配主，虽旬无咎，往有尚。象曰：虽旬无咎，过旬灾也。

六二：丰其蔀，日中见斗，往得疑疾，有孚发若，吉。象曰：有孚发若，信以发志也。

九三：丰其沛，日中见昧，折其右肱，无咎。象曰：丰其沛，不可大事也。折其右肱，终不可用也。

九四：丰其蔀，日中见斗，遇其夷主，吉。象曰：丰其蔀，位不当也。日中见斗，幽不明也。遇其夷主，吉；行也。

六五：来章，有庆誉，吉。象曰：六五之吉，有庆也。

上六：丰其屋，蔀其家，窥其户，阒其无人，三岁不见，凶。

象曰：丰其屋，天际翔也。窥其户，阒其无人，自藏也。

陈翼云曰：

六阴爻为六足[60]。虫卦象为卧虫。

---

[60] 六足虫纲即为昆虫纲。昆虫纲不但是节肢动物门中最大的一纲，也是动物界中最大的一纲。主要具备最总重要的一个特征就是六足，因此又称六足亚门。如蜻蜓，螳螂，蟑螂等等。

四、[61]卦（音汤，同周易坤卦）

字源解说

"若"是"喏"和"诺"的本字。若，甲骨文 是象形字，像高举两臂 理顺长发 的女子，表示女子柔顺、顺从。有的金文 承续甲骨文字形。有的金文 加"口" 构成会义，强调女子顺从应答。

造字本义：女子顺从答应。篆文 误将甲、金文的长发形象 写成"草"。当"若"的"顺从答应"本义消失后，再"口"另造"喏"代替；再加"言"另造"诺"代替。

【卷一】【艹部】若

择菜也。从艹右。右，手也。一曰杜若，香艹。而灼切。

白话版《说文解字》：

若，择捡菜蔬。字形采用"艹、右"会义，"右"表示与"手"有关。另一种说法认为，"若"是"杜若"，是一种香草。

『说文解字注』

---

[61] 音 tang，通汤，意为日出东方汤谷，太阳出于此。

(叒) 日初出东方汤谷所登榑桑。句。叒木也。按当云叒木榑桑也、日初出东方汤谷所登也。榑桑巳见木部。此处立文当如是。宋本、叶本、宋刻五音韵谱、集韵、类篇皆作汤。别刻作旸。

毛宸改汤为旸。非也。尚书旸谷自说青州嵎夷之地。非日出之地也。日出之地、岂羲仲所能到。天问曰。出自汤谷。次于蒙汜。淮南天文训曰。日出于汤谷。浴于咸池。拂于扶桑。是谓晨明。墬形训注曰。扶木、扶桑也。在汤谷之南。海外东经曰。汤谷上有扶桑。十日所浴。大荒东经曰。汤谷上有扶木。一日方至。一日方出。皆载于乌。按今天文训作旸谷。以王逸楚辞注、史记索隐、文注所引正之。则阳亦浅人改耳。离骚。緫余辔乎扶桑。折若木以拂日。二语相。蓋若木即谓扶桑。扶若字、即榑叒字也。象形。枝叶蔽翳。而灼切。五部。凡叒之属皆从叒。

基本词义

◎若 r u ò 〈动〉

（1）（象形。甲骨文字形，象一个女人跪着，上面中间象头发，两边两只手在梳发，表示"顺从"。本义：顺从）

（2）同本义 [b e o b e d i e n t t o]

若，顺也。——《尔雅·释名》

万民是若。——《诗·鲁颂·阙宫》

天子是若。——《诗·大雅·烝民》

（3）又如：若时（顺应天时）；若淑（温顺而善良）

（4）如同；像 [l i k e；a s i f]

圣人之德，若天之高，若地之普。——《墨子·尚贤中》

肌肤若冰雪，绰约若处子。——《庄子·逍遥游》

关山度若飞。——《乐府诗集·木兰诗》

天涯若比邻。——唐·王勃《杜少府之任蜀州》

（5）又如：视若分敌；若明若昧（好像清楚又好像不清楚）；若出一辙（若出一轨。像从一个车辙里出来的。比喻言论、行动、遭遇等完全一样）；若如（如；像）；若卵投石

（同"以卵击石"。比喻不自量力，必遭失败）；若涉渊水（若涉渊冰。比喻处境艰险）

（6）择菜 [ｔｒｉｍｖｅｇｅ　ｔａｂｌｅｓ]

若，择菜也。从艹、右。右，手也。——《说文》

（7）引申为选择 [ｃｈｏｏｓｅ]

《晋语》秦穆公曰："夫晋国之乱，吾谁使先若夫二公子而立之，以为朝夕之急。"此谓使谁先择二公子而立之，若正训择，择菜引申之义也。——清·段玉裁《说文解字注》

（8）同，相当 [ｂｅｅｑｕａｌｔｏ]

彼与彼年相若也。——韩愈《师说》

布帛长短同，则贾相若。——《孟子》

（9）及；到 [ａｒｒｉｖｅ]

病未若死。——《国语》

（10）比得上（多用于否定句和反问句）

虽然，则彼疾，当养者孰若妻与宰？——《礼记》

徐公不若君之美也。——《战国策·齐策》

（11）诺，应允，后作"诺"[ｐｒｏｍｉｓｅ]

已若必信，则处于度之内也。——《马王堆汉墓帛书·经法》

步骑之所蹂若。——《文选·司马相如·上林赋》

（12）对付，处置

寇深矣，若之何？——《左传·僖公十五年》

词性变化

◎若 ｒｕò〈代〉

（1）如此，这样 [ｓｕｃｈ]

出若入若。——《荀子·王霸》。注："如此也。"

织自若。——《战国策·秦策》

以若所为，求若所欲，犹缘木而求鱼也。——《孟子·梁惠王上》（2）又如：若许（如许；这些）；若言（此言，这样的话）；若曰（这样说）；若大若小（大大小小）；若此（如此，这样）；若是（如此，这样）；若斯（如此）；若然（如此）；若尔（如此，如果这样）

（3）你[们]；你[们]的 [ｙｏｕ；　ｙｏｕｒ]

若，汝也。——《小尔雅》

惟若宁候。——《考工记·梓人》

若则有常。——《仪礼·士昏礼记》

（4）又如：若曹（你们这些人）；若属（你们）；若辈（你们）

（5）其；他的［ｈｅ；ｈｉｓ］——用于他称

今人处若国得罪。——《墨子·天志下》

（6）这个，这样——用于近指［ｔｈｉｓ］。如：若人（这个人）；若士（这个人。同若人）；若时（此时，现在）；若辈（这些人，这等人）

（7）用于疑问。相当于"怎么"、"哪里"［ｗｈｅｒｅ］。如：若个（哪个）；若之何（怎么办；也指怎么，为什么）；若何（怎样，怎么样；亦指怎么办；怎么，为什么）；若为（怎样；怎样的；怎堪；怎能）

（8）这么；那么。用同"偌"［ｌｉｋｅ　ｓｏ］

老太太若大年纪。——《红楼梦》

◎若ｒｕò＜连＞

（1）假如；如果［ｉｆ］

公子若反晋国，则何以报不谷？——《左传·僖公二十三年》

若反国，将为乱。——《史记·赵世家》

寡人若朝于薛，不敢与诸任齿。——《左传·隐公十一年》

天若有情天亦老。——唐·李贺《金铜仙人辞汉歌》

（2）又如：若不是（如果不是）；若曰（如果说）；

（3）至于［ｓｏ］。用在句首以引起下文

若夫霪雨霏霏，连月不开，阴风怒号，浊浪排空。——宋·范仲淹《岳阳楼记》

（4）又如：若乃（至于。用于句子开头，表示另起一事）

（5）或；或者［ｏｒ］

以万人若一郡降者，封万户。——《汉书·高帝纪》

若有会同。——《周礼·稍人》

（6）又如：若者（或者）；若大若小（大大小小）

（7）与，和［ａｎｄ］

旅王若公。——《书·召诰》

（8）而［ｂｕｔ］

抑若扬兮。——《诗·齐风·猗嗟》

宠辱若惊。——《老子》。顾注："而已"

若降天地之施，垂三光之明者，实在陛下。——《三国志·魏志》

◎若ｒｕò〈名〉

（1）禾秆皮［ｓｔｅｍ'ｓ　ｓｋｉｎ］

稣，杷取禾若也。——《说文》。朱骏声《说文通训定声》："秆皮散乱，杷而梳取之。"

（2）香草名

杜若，香草。——《说文》

华采衣兮若英。——《楚辞·云中君》

顺微风，挥若芳。——傅毅《舞赋》。注："杜也。"

（3）又如：若芳（杜若的香气）；若英（杜若的花）；若惠（香草名。杜若和蕙草）

（4）灵木［ｆａｉｒｙ　ｔｒｅｅ］。如：若木（古代神话中的树名）；若光（古代神话中若木的光）

◎若

Ａｓ　ｉｆ

Ｅｎｇｌｉｓｈ

Ｉｆ，ｓｕｐｐｏｓｉｎｇ，ａｓｓｕｍｉｎｇ

《周易》第二卦 坤 坤为地 坤上坤下

坤：元，亨，利牝马之贞。君子有攸往，先迷后得主，利西南得朋，东北丧朋。安贞，吉。

象曰：至哉坤元，万物资生，乃顺承天。坤厚载物，德合无疆。含弘光大，品物咸亨。牝马地类，行地无疆，柔顺利贞。君子攸行，先迷失道，后顺得常。西南得朋，乃与类行；东北丧朋，乃终有庆。安贞之吉，应地无疆。

象曰：地势坤，君子以厚德载物。

初六：履霜，坚冰至。象曰：履霜坚冰，阴始凝也。驯致其道，至坚冰也。

六二：直，方，大，不习无不利。象曰：六二之动，直以方也。不习无不利，地道光也。

六三：含章可贞。或从王事，无成有终。象曰：含章可贞；以时发也。或从王事，知光大也。

六四：括囊；无咎，无誉。象曰：括囊无咎，慎不害也。

六五：黄裳，元吉。象曰：黄裳元吉，文在中也。

上六：战龙于野，其血玄黄。象曰：战龙于野，其道穷也。

用六：利永贞。象曰：用六永贞，以大终也。

文言曰：坤至柔，而动也刚，至静而德方，后得主而有常，含万物而化光。坤其道顺乎？承天而时行。

积善之家，必有馀庆；积不善之家，必有馀殃。臣弒其君，子弒其父，非一朝一夕之故，其所由来者渐矣，由辩之不早辩也。易曰：「履霜坚冰至。」盖言顺也。

直其正也，方其义也。君子敬以直内，义以方外，敬义立，而德不孤。「直，方，大，不习无不利」；则不疑其所行也。

阴虽有美，含之；以从王事，弗敢成也。地道也，妻道也，臣道也。地道无成，而代有终也。

天地变化，草木蕃；天地闭，贤人隐。易曰：「括囊；无咎，无誉。」盖言谨也。

君子黄中通理，正位居体，美在其中，而畅于四支，发于事业，美之至也。

阴疑于阳，必战。为其嫌于无阳也，故称龙焉。犹未离其类也，故称血焉。夫玄黄者，天地之杂也，天玄而地黄。

陈翼云曰：

六阴极至，则一阳生。

五、亏卦（同周易大过卦）

亏

甲骨文	金文	篆文	隶书	楷书	行书	草书	标准宋体	识记方歌
缺	缺	亏	缺	亏	亏	缺	缺	亏
缺	缺	篆	篆	篆	篆	篆	篆	两竖皆空则下"平"为无起伏平伏"无"

字源解说

本字"亏"亏，篆文亏在号角亏上加一横一，造字本义：气力不足，未将号角吹响。号角吹不出任何声音叫"亏"（表示完全缺乏中气）；号角未能吹响、只发出"嘘嘘"声叫"兮"；号角高亢并紧急叫"乎"（"呼"，部落紧急招集的号角）；号角吹得音调悠长、稳定、没有起伏变化叫"平"（号音平直，表示平安无事，没有警情）。

合并字"亏"亏，篆文篆、篆＝篆（虍，声威山谷的老虎）篆（隹，鸣声悠扬的鸟雀）亏（亏，无力发音）或亏（兮，发音有气无力），造字本义：虎鸟等动物气损力虚时，发音萎靡。

『说文解字』
于也。象气之舒亏。从丂从一。一者，其气平之也。凡亏之属皆从亏。羽俱切今变隶作于。（亏 kuī）气损也。从亏虐声亏或从兮。去为切。

『说文解字注』
(亏)于也。于者、古文乌也。乌下云。孔子曰。乌亏呼也。取其助气。故以为乌呼。然则以于释亏、亦取其助气。释诂、毛传皆曰。亏、于也。凡诗、书用亏字。凡论语用于字。盖于于二字在周时为古今字。故释诂、毛传以今字释古字也。

详细字义

◎亏

亏 ｋuī〈动〉

（1）（形声。从亏，（hū）声。本义：气损）

（2）同本义［ｄａｍａｇｅ　ｏｆ　ｖｉｔａｌｅｎｅｒｇｙ］

亏，气损也。——《说文》。段注："引申凡损皆曰亏。"

（3）又如：亏柔（犹虚弱）；亏退（衰退止息）

（4）欠缺，短少（应该有的而缺少）。与"盈"、"满"相对［ｂｅ　ｓｈｏｒｔ　ｏｆ］

虽监门之服养不亏于此。——《韩非子·五蠹》

为山九仞，巧亏一篑。——《书·旅獒》

日极则仄，月满则亏。——《管子·白心》

（5）又如：亏失（缺失）；亏欠（欠了人情）；亏累（债务；亏损）；亏紊（亏缺紊乱）；亏替（亏缺衰败）

（6）损耗，损害

赂秦而力亏。——宋·苏洵《权书·六国论》

（7）又如：亏缺（亏空）；亏污（亏损沾污）；亏误（失误）；亏输（失败；损失）

（8）输［ｌｏｓｅ；　ｂｅｄｅｆｅａｔｅｄ］

请与对弈，互有盈亏。——《聊斋志异》

（9）毁坏

不亏不崩。——《诗·鲁颂·閟宫》

（10）又如：亏污（亏损污染）；亏害（损害）；亏损（亏待，损害）；亏图（图谋损害）；亏名（损害名誉）

（11）减损；减少［ｒｅｄｕｃｅ］

厚者亏之，薄者靡之。——《韩非子·扬权》

（12）又如：亏成（缺损与完满；失败与成功）；亏全（缺损与完满）

（13）违背［ｖｉｏｌａｔｅ］

有善于前，有过于后，不为亏法。——《商君书·赏刑》

（１４）又如：亏负（亏待；做对不起他人的事）；亏心事（违背良心的事；问心有愧的事）；亏制（违制。放宽法度）

（１５）相异；不适应［ｄｉｆｆｅｒ　ｆｒｏｍ］

其时已与先王之法亏矣。——《吕氏春秋·察今》

（１６）损失，丧失［ｌｏｓｓ］

恩爱苟不亏，在远分日亲。——曹植《赠白马王彪》

（１７）又如：吃亏；使出版家受亏；自负盈亏

（１８）月相从全月到新月的时期［ｗａｎｅ］

天道亏盈。——《易·谦》

（１９）又如：亏盈（亏缺或盈满）；月满则亏汉英互译

◎亏
ｄｅｆｉｃｉｅｎｔ

Ｅｎｇｌｉｓｈ

ｌｏｓｅ，　ｆａｉｌ；　ｄａｍａｇｅ；

《周易》第二十八卦大过 泽风大过 兑上巽下

大过：栋桡，利有攸往，亨。

彖曰：大过，大者过也。栋桡，本末弱也。刚过而中，巽而说行，利有攸往，乃亨。大过之时义大矣哉！

象曰：泽灭木，大过；君子以独立不惧，（辶豚）世无闷。

初六：藉用白茅，无咎。象曰：藉用白茅，柔在下也。

九二：枯杨生稊，老夫得其女妻，无不利。象曰：老夫女妻，过以相与也。

九三：栋桡，凶。象曰：栋桡之凶，不可以有辅也。

九四：栋隆，吉；有它吝。象曰：栋隆之吉，不桡乎下也。

九五：枯杨生华，老妇得士夫，无咎无誉。象曰：枯杨生华，何可久也。老妇士夫，亦可丑也。

上六：过涉灭顶，凶，无咎。象曰：过涉之凶，不可咎也。

六、卢卦（同周易损卦）

卢

甲骨文	金文	篆文	隶书	楷书	日书	草书	繁简标准	简体标准	简化方案
									于1955年发布的字表（未收甲骨文字，以"卢"复"盧"）
甲3932	朕钟	阳文解字	段文解字	孔宙碑	胡其德	赵孟頫	王羲之	印刷字体	印刷字体

字源解说

　　卢，甲骨文 （虎头） （鬲锅），表示锅中有虎头。造字本义：熬煮兽骨的炉子。有的甲骨文 （兽角，代兽头） （皿，容器），表示熬煮兽头。金文 将两款甲骨文的字形合并，将甲骨文的 （鬲锅）写成 ；将 （兽角）写成 ，将甲骨文的 写成 。籀文 突出虎头 ，省去兽角 ，并误将鬲锅 写成 。篆文 误将籀文的 写成"由" 。隶书 则误将篆文的"由" 写成"田" 。"卢"的本义已消失。俗体楷书卢利用草书字形将正体楷书 的"虎头" 写成"卢" 。

　　《说文解字》：卢，饭器也。从皿， 声。 ，籀文卢。

　　《说文解字》：卢：吃饭用具。字形采用"皿"作边旁，采用" "作声旁。 ，这是籀文写法的"卢"。

详细字义

◎卢

卢 lú

<名，形>

（1）（形声。甲骨文字形，从皿，虎声。本义：饭器）

（2）同本义

卢，饭器也。——《说文》

（3）通“庐”。房屋［building; house］

君卢屋妾。——《荀子·富国》

（4）瞳人［pupiloftheeye］

玉女无所眺其清卢兮。——《汉书·扬雄传》

（5）通“颅”。头盖骨［skull; cranium］

蹶蹏足以破卢陷匈。——《淮南子·修务》

（6）〈形〉黑色［black］

卢弓一。——《书·文侯之命》

是犹绁韩卢而责之获也。——《汉书·王莽传下》。师古曰：“韩卢，古韩国之名犬也。黑色曰卢。”

卢奴城内西北隅有水，渊而不流，…水色正黑，俗名曰‘黑水池’。水黑曰卢，不流曰奴，故此城藉水以取名矣。——《水经注·滱水》

上九。与荼有守，辞于卢首不殆。——汉·扬雄《太玄经》。范望注：荼，白也；卢，黑也。

于是乎卢橘夏熟。——《史记·司马相如传》

（7）又如：卢弓；卢矢；卢瞳（黑眼珠）；卢狗（即韩卢。战国时韩国良犬）；卢猎（即卢鹊）；卢鹊（古代良犬韩卢、宋鹊的并称。亦泛指良犬）；卢卢（呼犬声）

（8）姓

English

cottage, hut; surname;

《周易》第四十一卦损山泽损艮上兑下

损：有孚，元吉，无咎，可贞，利有攸往？曷之用，二簋可用享。

象曰：损，损下益上，其道上行。损而有孚，元吉，无咎，可贞，利有攸往。曷之用？二簋可用享；二簋应有时。损刚益柔有时，损益盈虚，与时偕行。

象曰：山下有泽，损；君子以惩忿窒欲。

初九：已事遄往，无咎，酌损之。象曰：已事遄往，尚合志也。

九二：利贞，征凶，弗损益之。象曰：九二利贞，中以为志也。

六三：三人行，则损一人；一人行，则得其友。象曰：一人行，三则疑也。

六四：损其疾，使遄有喜，无咎。象曰：损其疾，亦可喜也。

六五：或益之，十朋之龟弗克违，元吉。象曰：六五元吉，自上佑也。

上九：弗损益之，无咎，贞吉，利有攸往，得臣无家。象曰：弗损益之，大得志也。

陈翼云曰：

卢卦为捕获，艮为死物，为从尸，兑为口，是食尸之象[62]。

以前有某人欲我占卜，得卦艮下坤，卦象为坟墓中伏尸，伏尸为有子女之老妇人。此人遂言，其姥娘刚刚去世下葬等等，看看阴宅风水如何。

古人不占刚刚去世之人，谓魂魄未曾远离，宜谨慎对待。

占卜如果用一法则失之粗疏，宜兼用为准确。如上卦艮坤卦则用《周易》为主，《归藏》为辅，则卦象明晰。如只用《周易》得艮坤，艮亦为牛，坤亦为锅，则谬之千里。

---

[62] 仁者不戒荤食，然而吃素的原因是不喜杀生杀戮。

七、古卦（同周易离卦）

古

字源解说

古，甲骨文 凵—凵（口，言说）⺮（十，极多），表示无数代先人口口相传的久远时代。有的甲骨文 凷 在"古" 凵 的字形基础上再加一个"口" 口，强调"古"的"传说"含义。金文 凷 将甲骨文字形中的 ⎮ 写成明确的"十" ⼗。有的金文 凷 将 ⎮ 写成明确的"十" ⼗。有的金文 凷 将"口" 凵 写成"曰" 凵（言说），强调"古"与"言说"的关系。有的金文 凷 在"古" 凵 的字形基础上加"三十" ⼗，极力强调传说年代之漫长。造字本义：在漫长的过去岁月中被一代代传说的久远时代。篆文 古 承续金文字形 凷。"古"是传说中难以追述的久远时代，"昔"是发生大洪荒的远古时代，"古"比"昔"更遥远。

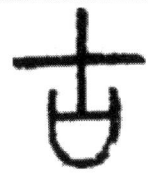

『说文解字注』

古，故也。邶风、大雅毛传曰。古、故也。攵部曰。故、使为之也。按故者、凡事之所以然。而所以然皆备于古。故曰古、故也。逸周书。天为古。地为久。郑注尚书稽古为同天。从十口。识前言者也。识前言者口也。至于十则展转因袭。是为自古在昔矣。公户切。五部。凡古之属皆从古。

白话版《说文解字》：古，故旧。字形采用"十、口"会义。表示能记忆先人圣语的人。所有与古相关的字，都采用"古"作边旁。

详细字义

◎古 gǔ

〈名〉

（1）（会意。从十，从口。本义：古代。一般分为太古、上古、中古、近古）

（2）同本义

古，故也。——《说文》

大古冠布。——《仪礼·士冠礼》。注："大古，唐虞以上。"

（3）又如：远古（遥远的古代）；古字（指隶书以前的古代文字）；古器（可供玩赏的古代器物；古代乐器）；古货（古代货币）；古贤（古代贤人）

（4）古代的事物，特指先哲的遗典、道统。古代的典章、文献。余嘉其能行古道，作《师说》以贻之。——唐·韩愈《师说》宽至雒阳，复从周王孙受古义，号《周氏传》。——《汉书·丁宽传》

（5）又如：仿古；考古；拟古；怀古；古义（古书的义理）；古谊（古代典籍之义理）；古逸（指未加纂辑的古诗文等）

（6）古人

古人云："以地事秦，犹抱薪救火，薪不尽，火不灭。"——宋·苏洵《权书·六国论》

（7）又如：古老上人（古人）；古义（古人立身行事的道理；古人对经籍的传统解释）；古节（古人立身的节操）；古谊（古贤人之风义）

（8）天 [Heaven]

天为古。——《周书·周祝》

曰若稽古。——《书·尧典》

其于中古乎。——《易·系辞传》

（9）又如：古帝（指天帝）；古后（先王，前代帝王）

（10）古体诗的简称。如：古风（古体诗。每篇字数不拘，每句有四言、五言、六言、七言等，不讲平仄，用韵亦较自由）；五言古；七言古

（11）古巴的简称［Cuba］。如：中古建交

（12）象声词。如：古刺刺（旗子飘动或甩鞭的声响）；古鲁鲁（古鹿鹿。形容物体转动；也指腹内肠子蠕动或液体喷出的声响）；古都都（多形容水不断涌出的声响）

汉英互译

◎古
age—old　　　ancient
English

old,　classic,　ancient

《周易》第三十卦离离为火离上离下

离：利贞，亨。畜牝牛，吉。

彖曰：离，丽也；日月丽乎天，百谷草木丽乎土，重明以丽乎正，乃化成天下。柔丽乎中正，故亨；是以畜牝牛吉也。

象曰：明两作离，大人以继明照于四方。

初九：履错然，敬之无咎。象曰：履错之敬，以辟咎也。

六二：黄离，元吉。象曰：黄离元吉，得中道也。

九三：日昃之离，不鼓缶而歌，则大耋之嗟，凶。象曰：日昃之离，何可久也。

九四：突如其来如，焚如，死如，弃如。象曰：突如其来如，无所容也。

六五：出涕沱若，戚嗟若，吉。象曰：六五之吉，离王公也。

上九：王用出征，有嘉折首，获其匪丑，无咎。象曰：王用出征，以正邦也。

八、曰卦（音因，同周易晋卦）

曰

字源解说

曰通因，"因"是"茵"的本字。因，甲骨文像一个人躺卧在席垫上。造字本义：躺在席子上。金文、篆文承续甲骨文字形。楷书异体字曰以"工"（大）代"大"。当"因"的"卧席"本义消失后，篆文再加"艹"另造"茵"代替，强调苇、藤的材质。

『说文解字』

【卷六】【口部】

因，就也。从口大。于真切〔注〕徐锴曰："《左传》曰：植有礼，因重固。能大者，众围就之。"

『说文解字注』

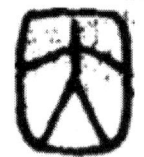

因就也。就下曰。就高也。为高必因丘陵。为大必就基址。故因从口大。就其区域而扩充之也。中庸曰。天之生物。必因其材而笃焉。左传曰。植有礼。因重固。人部曰。仍、因也。论语。因不失其亲。谓所就者不失其亲。从口大。于真切。十二部。

详细字义

◎因

⊟ yīn

〈名〉

(1)(会意。从囗(wéi)大。大,人。甲骨文字形,象人在车席子上。本义:"茵"的本字,坐垫,车垫)

(2)同本义[mat; cushion]

因,就也。——《说文》。朱骏声注:"囗大俱非义。江氏永曰:'象茵褥之形,中象缝线文理。'按即茵之古文。江说是也。"

(3)原因[cause]

贵贱虽复殊途,因果竟在何处?——《梁书·范缜传》

自谓得其势,无因有动摇。——白居易《有木》诗

(4)又如:因果报应(佛教指物有起因必有结果,善因得善果,恶因得恶果);前因后果

(5)机会[opportunity; chance]

于今无会因。——《玉台新咏·古诗为焦仲卿妻作》

(6)姓

◎因

becauseof   cause   follow   onthebasisof

English

cause, reason; by; because(of)

《周易》第三十五卦晋火地晋离上坤下

晋:康侯用锡马蕃庶,昼日三接。

象曰:晋,进也。明出地上,顺而丽乎大明,柔进而上行。是以康侯用锡马蕃庶,昼日三接也。

象曰:明出地上,晋;君子以自昭明德。

初六:晋如,摧如,贞吉。罔孚,裕无咎。象曰:晋如,摧如;独行正也。裕无咎;未受命也。

六二：晋如，愁如，贞吉。受兹介福，于其王母。象曰：受之介福，以中正也。

六三：众允，悔亡。象曰：众允之，志上行也。

九四：晋如硕鼠，贞厉。象曰：硕鼠贞厉，位不当也。

六五：悔亡，失得勿恤，往吉无不利。象曰：失得勿恤，往有庆也。

上九：晋其角，维用伐邑，厉吉无咎，贞吝。象曰：维用伐邑，道未光也。

陈翼云曰：

曰卦为山之回转。如山中道路盘桓。为地上之火。
为事情之发端。以时间为开始，如揲蓍法。

古人用蓍（shì）草卜卦時，先在五十根蓍草中抽出一根，再将其余作两部分，然后四根一数，以定阴爻或阳爻的动作称为"揲蓍"[63]。

刈蓍遗簪 《韩诗外传》卷九

孔子出游少源之野。有妇人中泽而哭，其音甚哀。孔子使弟子问焉，曰：「夫人何哭之哀？」妇人曰：「乡者、刈[64]（音易）蓍薪，亡吾蓍簪，吾是以哀也。」弟子曰：「刈蓍薪而亡蓍簪，有何悲焉！」妇人曰：「非伤亡簪也，盖不忘故也。」

曰卦亦迂回不忘故之意。

---

[63] （蓍）蒿属。谓似蒿而非蒿也。陆机曰。似藾萧。青色。生千岁三百茎。卄木疏、博物志说皆同。尚书大传曰。蓍之为言耆也。百年一本生百茎。易为数。数、筭也。谓占易者必以是计筭也。详易辞。天子蓍九尺。诸侯七尺。大夫五尺。士三尺。此礼三正记文也。亦见白虎通。仪礼特牲馈食。筵者坐筵。少牢馈食。筵者立筵。郑注。卿大夫蓍五尺。立筵。士之蓍短。坐筵。皆由便也。贾公彦曰。然则天子诸侯立筵可知。从卄。耆声。式脂切。十五部。

[64] 刈 yì，割草。(1) 本作乂。形声。从刀，乂（yì）声。本作"乂"，本义:割草。

九、尸卦（同周易比卦）

尸

甲骨文	金文	石鼓文	篆文	隶书	行书	篆书	楷书
𝇍	𝇍	𝐹	𝐹	𝐹	𝐹	𝐹	𝑃
和口	金文	大义或体	金文所异	说文省古籀生	李斯	王羲之	欧阳询

字源解说

"尸"与"人"同源。尸，甲骨文 𝇍 像一个坐着的人。古代的祭悼传统，让活人坐在祭位上，以代表死者，接受人们的吊唁。造字本义：坐在祭位上、代替死者接受祭拜的死者亲属。金文 𝇍 承续甲骨文字形。篆文 𝐹 严重变形，手的形状消失。隶化后楷书 𝐹 写成"封口"的字形，"人"形完全消失。"尸"是已经死亡的人，"尸"是静坐代尸受祭的活人；古籍常以"尸"代替"尸"。

『说文解字』

【卷八】【尸部】尸
陈也。象卧之形。凡尸之属皆从尸。式脂切

『说文解字注』

(尸)陈也。陈当作敶。支部曰。敶、列也。小雅祈父传曰。尸、陈也。按凡祭祀之尸训主。郊特牲曰。尸、陈也。注曰。此尸神象。当从主训之。言陈非也。玉裁谓。祭祀之尸本象神而陈之。而祭者因主之。二义实相因而生也。故许但言陈。至于在床曰尸。其字从尸从死。别为一字。而经籍多借尸为之。象卧之形。卧下曰伏也。此字象首俯而曲背之形。式脂切。十五部。凡尸之属皆从尸。

详细字义

◎尸 shī

〈名〉

（1）（象形。小篆字形，尸像卧着的人形。本义：祭祀时代表死者受祭的人）

（2）同本义 [person on behalf of the dead]

尸，神像也。象卧之形。——《说文》。按，凭几曰卧。

神具醉止，皇尸载起。鼓钟送尸，神保聿归。——《诗·小雅·楚茨》

祝延尸。——《仪礼·士虞礼》。注："尸，主也。孝子之祭不见亲之形，象心无所系，立尸而主意焉。又，男，男尸；女，女尸，必使异姓，不使贱者。"

孙可以为王父尸。——《礼记·曲礼》

尸，所祭者之孙也。祖之尸则主人乃宗子。祢之尸则主人乃父道。——《仪礼·特牲礼》注

（3）神主牌，以木为之 [a spirit tablet]

载尸集战何所急。——《楚辞·天问》

（4）又如：载尸以行（载着神主牌而行）[65]

（5）姓

汉英互译

◎尸

cadaver   carcase   carcass   corpse   deadbody

---

[65] 尸者，穿五彩衣为神偶，替代祭祀之神也。如古代梨园扮演关公戏。

据陈玉申先生言，梨园行拜关公，不敢称名字，尊称老爷戏。扮演关公的演员要烧香磕头，勾脸儿穿上行头之后，不言不语，不能饮食喝水，也不能乱动，只在后台高椅上静坐。

English

corpse; toim personate the dead ; to preside; KangXi radical

第八卦比水地比坎上坤下

比：吉。原筮元永贞，无咎。不宁方来，后夫凶。

彖曰：比，吉也，比，辅也，下顺从也。原筮元永贞，无咎，以刚中也。不宁方来，上下应也。后夫凶，其道穷也。

象曰：地上有水，比；先王以建万国，亲诸侯。

初六：有孚比之，无咎。有孚盈缶，终来有他，吉。象曰：比之初六，有他吉也。

六二：比自内，贞吉。象曰：比之自内，不自失也。

六三：比之匪人。象曰：比之匪人，不亦伤乎！

六四：外比之，贞吉。象曰：外比于贤，以从上也。

九五：显比，王用三驱，失前禽。邑人不诫，吉。象曰：显比之吉，位正中也。舍逆取顺，失前禽也。邑人不诫，上使中也。

上六：比之无首，凶。象曰：比之无首，无所终也。

陈翼云曰：

尸卦为人死俯伏于土上。如巫祝[66]。今之跳大神，亦源自巫祝舞者。

---

[66] 巫祝，古代称事鬼神者为巫，祭主赞词者为祝；后连用以指掌占卜祭祀的人。《礼记·檀弓下》："君临臣丧，以巫祝桃茢执戈，恶之也。" 晋 葛洪《抱朴子·道意》："巫祝小人，妄说祸祟。" 宋 范成大《灼艾》诗："谢去辈巫祝，胜如几药汤。"

《周礼·春官·大祝》："大祝掌六祝之辞，以事鬼神祇（示），祈福祥，求永贞。一曰顺祝，二曰年祝，三曰吉祝，四曰化祝，五曰瑞祝，六曰筴祝。"郑司农云："筴祝，远罪疾。"。

十、盂卦（音余，同周易涣卦）

盂

甲骨文	金文	籀文	篆书	楷书	隶书	草书	标准宋体
					缺		

字源解说

既是声旁也是形旁，是"竽"的本字，表示吹奏乐器。盂，甲骨文（"竽"，吹奏竽）＋（皿，敞口的盛器），造字本义：古人用陶盆作"功放器"，放大竽的音效，用以田猎时吓遂野兽。有的甲骨文将"竽"的字形简化成。金文承续金文字形。篆文将金文的"于"写成，将金文"皿"写成。隶书将篆文的"皿"写成。

『说文解字』

【卷五】【皿部】盂饭器也。从皿亏声。羽俱切

巫分男女，女巫称巫，男巫称巫与觋。《周礼·春官·神仕》："凡以神仕者，掌三辰之法，以犹鬼神示之居。"贾公彦疏："按：《外传》云：'在男曰觋，在女曰巫。'使制神之地位次主之度与此文合，故知此神仕是巫……言'在男曰觋，在女曰巫'者，男子阳，有两称，名巫、名觋。女子阴，不变，直名巫，无觋称。"

据《周礼·春官》记载，巫祝之多，有"大祝、小祝、丧祝、甸祝、诅祝、司巫、男巫、女巫、神仕"者等，他们有明确的分工，其中祝的"神职官位"比巫高。凡王、后、贵人等之丧礼祭祀、国家之祈福安灾、自然灾害、外交战争及王、后、贵人之草药沐浴、身体康健者等，皆由巫祝掌管。

『说文解字注』

 (盂)飲器也。飲大徐及篇、韵、急就篇注作饭。误。小徐及后汉书注、御览皆作飲。不误。木部樗、木也。可屈为杅者。杅卽盂之假借字。旣夕礼敦杅注。杅盛汤浆。公羊传。古者杅不穿。何注。杅、飲水器。孙卿子曰。盘圆而水圆。杅方而水方。史记滑稽传。操一豚蹄、酒一盂而祝。后汉书孝明纪。盂水脯糒而已。方言。盂、宋楚魏之闲或谓之盌。又曰。盂谓之柯。又曰。盂谓之。河济之闲谓之。又曰。盂谓之铫锐。从皿。亏声。羽俱切。五部。

详细字义

◎盂 yú

〈名〉

（1）（形声。从皿，于声。皿表示器皿。本义：盛饮食或其他液体的圆口器皿）

（2）同本义

盂，饮器也。——《说文》

置守宫盂下。——《汉书·东方朔传》

操一豚蹄，酒一盂。——《史记·滑稽列传》

（3）又如：盂方水方（水因器成形。喻上行下效）；钵盂（古代和尚用的饭碗）；痰盂（盛痰用的器皿）

（4）盛饭的器皿［ｂｏｗｌ］

上尝使诸数家射覆，置守宫盂下，射之，皆不能中。——《汉书》

◎盂

Calyx

English

basin; cup

《周易》第五十九卦涣风水涣巽上坎下

涣：亨。王假有庙，利涉大川，利贞。

彖曰：涣，亨。刚来而不穷，柔得位乎外而上同。王假有庙，王乃在中也。利涉大川，乘木有功也。

象曰：风行水上，涣；先王以享于帝立庙。

初六：用拯马壮，吉。象曰：初六之吉，顺也。

九二：涣奔其机，悔亡。象曰：涣奔其机，得愿也。

六三：涣其躬，无悔。象曰：涣其躬，志在外也。

六四：涣其群，元吉。涣有丘，匪夷所思。象曰：涣其群，元吉；光大也。

九五：涣汗其大号，涣王居，无咎。象曰：王居无咎，正位也。

上九：涣其血，去逖出，无咎。象曰：涣其血，远害也。

十一、小卦（同周易履卦）

小

甲骨文	金文	篆文	隶书	楷书	行书	繁体	简体	标准字体
⼩	⼩	⼩	⼩	⼩	小	小	小	小

字源解说

"小"是"沙"和"少"的本字。小，甲骨文⼩像众多（三）微粒。造字本义：细微的沙粒。金文⼩承续甲骨文字形。古匋文⼩将三点微粒形象写成竖撇捺，将字形抽象化。篆文⼩与古匋文字形相似。当"小"的"沙粒"本义消失后，金文再加"水"另造"沙"代替，表示水边的细沙。

『说文解字』

【卷二】【小部】小

物之微也。从八，丨见而分之。凡小之属皆从小。私兆切

『说文解字注』

(小)物之微也。从八、丨见而八分之。八、别也。象分别之形。故解从八为分之。丨才见而辄分之。会意也。凡物分之则小。私兆切。二部。凡小之属皆从小。

详细字义

◎小 xiǎo

〈形〉

（1）（象形。据甲骨文，象沙粒形。小篆析为会意。从八，从丨。本义：细；微。与"大"相对）

（2）同本义［small；little；min
or］。形容事物在体积、面积、数量、力量、强度等方面不
及一般的或不及比较的对象

小，物之微也。——《说文》

小往大来。——《易·泰》。疏："阴生消耗，故称
小。"

彼所小言尽人毒也。——《庄子·列御寇》。注："细巧
入人为小言。"

嘒彼小星。——《诗·召南·小星》

受小球大球。——《诗·商颂·长发》

怨不在大，亦不在小。——《书·康诰》

（3）又如：小鹿儿（喻指因紧张而剧烈跳动的心脏）；
小录（新科进士的题名录）；小伙伙（小巧，娇小）；小话
（短小的故事或寓言）；小单拱儿（手推车）；小唱（由乐器
协奏的歌曲）

（4）通"少"。年幼［young］

朝廷之事，小者不毁。——《韩非子·饬令》

（5）又如：小孽障（小孩子）；小猴子（小孩）；小堂
名（旧时为婚丧喜庆雇用的由小孩组成的乐队）；小娘子（侍
女；侍儿）；小娘儿（妓女）；小鬼头（小孩子）；小妮子
（婢女；女孩子）

（6）稍，略［slightly；a little］

小不如意。——宋·苏轼《教战守》

（7）又如：小傲怄儿（带有一点玩笑意味的抬杠）；小
节不足（不顺心；不能称心如意）；小厮扑（徒手对打）；小
意儿（小殷勤）；小有（稍有一些）

（8）将近［nearly］归了包堆花了小一百，还剩
四百来块。——老舍《骆驼祥子》

（9）又如：小日中（将近中午的时候）；我今年小
（奔）六十了

（10）用在姓、名、排行等之前，表示爱称［youn
g brother］。如：小冤家（年轻情人之间的昵称）

（11）狭隘；低窄［ｎａｒｒｏｗ－ｍｉｎｄｅｄ；ｎａｒｒｏｗ］

好问则裕，自用则小。——《书·仲虺之诰》

（12）又如：小狭（狭窄）；小国（地狭人少之国）；小榻（狭小的卧具）

（13）低微［ｈｕｍｂｌｅ］

不辞小官。——《孟子》

（14）又如：小喽罗（对绿林兵卒的称呼）；小道儿（不正当的途径；邪门歪道）

（15）指邪恶卑鄙［ｂａｄ］。如：小利（即"小李"。扒手）；小佞（才智低下而卑谄善辩者）

（16）短暂；暂时［ｆｏｒ　ａ　ｓｈｏｒｔ　ｔｉｍｅ］。如：小别（暂别；暂时居住）；小眠（小憩；暂眠）；小留（暂时挽留；暂时留止）

词性变化

◎小 ｘｉǎｏ〈名〉

（1）年幼的人。引申为小辈［ｙｏｕｎｇ］

无小无大。——《诗·鲁颂·泮水》

小大稽首。——《诗·小雅·楚茨》

（2）又如：妻小；上有老，下有小

（3）妾，小老婆［ｃｏｎｃｕｂｉｎｅ］

要送你到冯家去，给冯老太爷做小。——巴金《家》

（4）又如：小老母（妾；姨太太）；小星（妾）；小娘（妾）；小家婆（小老婆）；小浑家（小老婆）

（5）微细的事物［ｓｍａｌｌ　ｍａｔｔｅｒｓ］

小不忍则乱大谋。——《论语·卫灵公》

（6）又如：小关头目（无关紧要的事）；小隙（小矛盾；小怨）

（7）小人，品质不高的人［ｍｅａｎ　ｍａｎ］

（8）又如：小人（指强盗）

◎小 ｘｉǎｏ〈代〉

自称的谦词［Ｉ］。如：小子（对自己的谦称；话本或旧小说作者的自称谦辞）；小东儿（小小东道；请客的主人）

◎小 xiǎo〈动〉

轻视，小看 [look down upon]

文人相轻，自古而然。傅毅之于班固，伯仲之间耳，而固小之。——曹丕《典论》

又如：小不起（不能小看）；小瞧（犹小看，轻视）

汉英互译

◎小

small   little   smallness

English

---

small, tiny, insignificant

《周易》第十卦履天泽履乾上兑下

履：履虎尾，不咥人，亨。

彖曰：履，柔履刚也。说而应乎乾，是以履虎尾，不咥人，亨。刚中正，履帝位而不疚，光明也。

象曰：上天下泽，履；君子以辨上下，安民志。

初九：素履，往无咎。象曰：素履之往，独行愿也。

九二：履道坦坦，幽人贞吉。象曰：幽人贞吉，中不自乱也。

六三：眇能视，跛能履，履虎尾，咥人，凶。武人为于大君。

象曰：眇能视；不足以有明也。跛能履；不足以与行也。咥人之凶；位不当也。武人为于大君；志刚也。

九四：履虎尾，愬愬终吉。象曰：愬愬终吉，志行也。

九五：夬履，贞厉。象曰：夬履贞厉，位正当也。

上九：视履考祥，其旋元吉。象曰：元吉在上，大有庆也。

陈翼云曰：盂为祭神之雅乐[67]之乐器。

---

[67] 雅，正也。雅乐，即典雅纯正的音乐，是一种古代的传统宫廷音乐，指帝王朝贺、祭祀天地等大典所用的音乐。雅乐的体系在西周初年制定，与法律和礼仪共同构成了贵族统治的内外支柱。以后一直是东亚乐舞文化的重要组成部分。宫廷雅乐在中国已经失传，而在韩国、日本及越南尚保留活态。

十二、丂卦（音巧，同周易蹇卦）

丂

甲骨文		金文	篆文	隶书	楷书		简化宋体	简化宋字
考	考	考	考	考	考	考	方	考
缺	缺	缺	缺	丂	攷	攷	攷	攷

字源解说

本字"考"，咳也，既是声旁也是形旁，是"咳"的省略，表示咳嗽。考，甲骨文 考＝考 （长发 的老人 ）＋丂（亥，即"咳"），表示呼吸紧促、经常咳嗽的老人。有的甲骨文 考＝考 （长发 的老人 ）＋ 考 （手拄 棍杖 ），表示拄杖的长发老人。金文 考 将甲骨文字形中的手杖 写成"卜" 。有的金文 考 将"卜" 写成"于" 。有的金文 考 省去手形。造字本义：老化，衰老。篆文 考 承续金文字形。隶书 考 将篆文的 考 写成 考 ，将篆文的 考 写成 考 。古代"考"、"老"同源，通用。

合并字"考"，既是声旁也是形旁，是"巧"的本字，表示灵巧工具。考，篆文 考＝丂（丂，即"巧"，巧具）＋考（持械打击），表示手持灵巧器具敲击乐钟。造字本义：古代乐钟铸造匠或乐师敲击乐钟，试音调音。隶书 攷 将篆文字形中的 考 写成 考 ，将篆文字形中的 考 写成 攵 。

『说文解字』

【卷五】【丂部】丂

气欲舒出。丂上碍于一也。丂，古文以为亏字，又以为巧字。凡丂之属皆从丂。苦浩切

『说文解字注』

(丂)气欲舒出上碍于一也。者、气欲舒出之象。一其上不能径达。此释字义而字形已见。故不别言形也。苦浩切。古音在三部。丂、古文为亏字。亏与丂音不同而字形相似、字义相近。故古文或以丂为亏。又为巧字。此则同音假借。凡丂之属皆从丂。

基本字义

●丂

kǎo 丂ㄠˇ

　　1.气要舒出的样子。

　　2.古同"考"。

其它字义

●丂

qiǎo ㄑㄧㄠˇ

　　◎古通"巧"。

其它字义

●丂

yú ㄩˊ

　　◎古同"于"。

English

Obstruction of breath (qi) as it seek srelease;

《周易》第三十九卦蹇水山蹇坎上艮下

蹇：利西南，不利东北；利见大人，贞吉。

彖曰：蹇，难也，险在前也。见险而能止，知矣哉！蹇利西南，往得中也；不利东北，其道穷也。利见大人，往有功也。当位贞吉，以正邦也。蹇之时用大矣哉！

象曰：山上有水，蹇；君子以反身修德。

初六：往蹇，来誉。象曰：往蹇来誉，宜待也。

六二：王臣蹇蹇，匪躬之故。象曰：王臣蹇蹇，终无尤也。

九三：往蹇来反。象曰：往蹇来反，内喜之也。

六四：往蹇来连。象曰：往蹇来连，当位实也。

九五：大蹇朋来。象曰：大蹇朋来，以中节也。

上六：往蹇来硕，吉；利见大人。象曰：往蹇来硕，志在内也。利见大人，以从贵也。

陈翼云曰：

万卦为气之衰竭，表示呼吸紧促、经常咳嗽的拄杖老人，行将就木。蹇[68]，为步履蹒跚。

命蹇为一生坎坷，人的一生命运难以改变。

时乖运蹇为一时坎坷，虽然目前险阻重重，然则可以改变。

万卦则为衰朽之末，命在旦夕。如唐 韩愈《左迁至蓝关示侄孙湘》：一封朝奏九重天，夕贬潮州路八千。欲为圣明除弊事，肯将衰朽惜残年。

这首诗为韩愈谏佛骨被贬斥之后所作，因此开头有怨谤之语，后面却有些自辩之意，又信誓旦旦欲再出仕，然而五年之后去世[69]。

---

[68] 古人以蹇为滞，弯曲无法伸直。

[69] 韩愈文章出众，然而也有前后矛盾之处，例如《读墨子》一文"孔子必用墨子，墨子必用孔子，不相用不足为孔墨"。此论与尊崇孔孟之道有所抵牾。赞誉者称其尊儒却不墨守，如是则尊法而不默守，尊道而不墨守，可乎？

十三、大卦（同周易泰卦）

大

甲骨文	金文	甲文	隶书	楷书	行书	草书	仿宋字体
𣥚	𣥚	大	大	大	夭	大	大	大
张三三(乙)	甲文	甲骨	中山王鼎	说文解字	孔宙碑	敦煌写卷	王羲之	张旭	仿宋字体

字源解说

大，甲骨文 𣥚 像张开双臂双腿、顶天立地的成年人。造字本义：顶天立地的成年人。金文 𣥚、篆文 𣥚 承续甲骨文字形。隶书 大 失去手形。在远古时代，人的体格出众被等同于能力出众，因此称能医病、能治邦的人为"大（念 dài）夫"。"私"即"厶" 𠫓，是头部朝下、尚未出生的神秘胎儿；"了" 𠃌 是刚出生的、性别确然可辨的幼婴；"子" 𡿨 是挥动两臂、两腿包裹在襁褓中、尚不能独立活动的幼儿；"大" 𣥚 是顶天立地的成年人；"人" 𠆢 是双手采摘或在地里忙活的劳动者。

『说文解字』

【卷十】【大部】

天大，地大，人亦大。故大象人形。古文亣（他达切）也。凡大之属皆从大。徒盖切

『说文解字注』

(大)天大。地大。人亦大焉。依韵会订。象人形。老子曰。道大。天大。地大。人亦大。人法地。地法天。天法道。按天之文从一大。则先造大字也。之文但象臂胫。

大文则首手足皆具。而可以参天地。是为大。徒盖切。十五部。古文也大下云古文。下云籀文大。此以古文籀文互释。明只一字而体稍异。后来小篆偏旁或从古、或从籀。故不得不殊为二部。亦犹从、从必分系二部也。然则小篆作何字。曰。小篆作古文也。凡大之属皆从大。

详细字义

◎大 dài〈名〉

（1）见"大夫"、"大王"

（2）用同"代"。世代 [generation]

陵家历大为军将，世世从军为国征。——《敦煌变文集·李陵变文》

基本词义

◎大 dà〈形〉

（1）（象形。甲骨文字形，象人的正面形，有手有脚。"大"是汉字部首之一，从"大"的字往往与人类或人事有关。本义：大小的"大"）

（2）形容体积、面积、数量、力量、规模、程度等方面超过一般或超过所比较的对象。与"小"相对

大，天大地大人亦大，故大象人形。古文大也，籀文介，改古文亦象人形。凡大人、大夫、太子、太君，皆尊词。——《说文》

遵彼大路兮。——《诗·郑风·遵大路》

大有。——《易》。释文："大有，包容丰富之象。"

大报天而主日也。——《礼记·郊特牲》。

其朝践用两大尊。——《周礼·司尊彝》。司农注："大，古之瓦尊。"

古田常上请爵禄而行之群臣，下大斗斛而施于百姓。——《韩非子·二柄》

此不为远者小而近者大乎？——《列子·汤问》

忽一人大呼。——《虞初新志·秋声诗自序》

（3）又如：一只大口袋；山上的大白楼；大浸（大水）；大美（大功德，大功业）；大蔡（大龟）；大泉（大钱）

（4）年辈较长或排行第一的

大兄言办饭，大嫂言视马。——汉乐府《孤儿行》

诸葛恢大女适太尉庾亮儿。——《世说新语·方正》

（5）又如：大妇（长子之妻）；大宗（宗法社会以嫡系长房为"大宗"；余子为小宗）

（6）重要，重大［ｉｍｐｏｒｔａｎｔ；　ｍａｉｎ］

故临崩寄臣以大事也。——诸葛亮《出师表》

愿牢定大计，莫用众人之议也！——《资治通鉴》

（7）又如：大头脑（主脑；主旨）；大八丈（大人物）；大柄（大权）；大趣（大旨；主要的旨趣）

（8）德高望重的

吾长见笑于大方之家。——《庄子·秋水》

王年小而位大。——《世说新语·排调》

利见大人。——《易·乾》

（9）又如：大操（高尚的操守）；大贤（才德超群的人）

（10）超过一般

陶公少有大志，家酷贫。——《世说新语·贤缓》

（11）学识渊博的

大匠不为拙工改废绳墨。——《孟子·尽心上》

（12）规模大

胡人大入塞。——《淮南子·人间训》

公子乃置酒大会宾客。——《史记·魏公子列传》

（13）又如：大手术；大反攻

（14）性质严重［ｓｅｒｉｏｕｓ］

欺君不忠，母病不孝，不忠不孝，其罪莫大。——《世说新语·政事》

（15）尊称对方的事物［ｙｏｕｒ］。敬语。如：大作；尊姓大名

（16）用在时令、时间或节日前表示强调。如：大白天；大清早；大喜的日子

词性变化

◎大 dà〈副〉

（1）达到很广范围或很高程度，大肆〔

约以连兵大举。——宋·文天祥《指南录·后序》

此臣所课大患也。——宋·苏轼《教战守》

（2）又如：大长志气；大吃一惊；大大增加；大办农业

（3）很，太，非常〔very〕

居简而行简，无乃大简乎？——《论语·雍也》

大谩，愿闻其要。——《庄子·天道》

告之以大古，教之以至顺。——《荀子·非十二子》

少年大骇。——《聊斋志异·促织》

门者答揖大喜奔出。——明·宗臣《报刘一丈书》

何竟日默默在此，大类女郎也。——明·归有光《项脊轩志》。又如：不大好；不大舒服；大肯（非常愿意）

（4）经常〔often〕——加"不大"则表示不经常〔not often〕。如：不大吃面；不大回家

（5）前天或后天的前一天或后一天。如：大前天；大后天

◎大 dà〈名〉

（1）大人〔adult; grown-up〕

刘道生日夕在事，大小殊快。——《世说新语·赏誉》

小大稽首。——《诗·小雅·楚茨》

（2）大小〔size〕

今年杀诸贼奴，当取金印如斗大。——《世说新语·尤悔》

（3）〈方〉：父亲。如：俺大叫俺来上海看看你

（4）〈方〉：指伯父或叔父。如：俺三大是个劳模

（5）姓

◎大 dà〈动〉

（1）长大〔be brought up〕

小时了了，大未必佳。——《世说新语·言语》

（2）超过［ｓｕｒｐａｓｓ］
亦无大大王。——《战国策·秦策二》
◎大
ｂｉｇ　　　ｇｒｅａｔ　　　ｂｉｇｎｅｓｓ
Ｅｎｇｌｉｓｈ

◎ｂｉｇ，　ｇｒｅａｔ，　ｖａｓｔ，　ｌａｒｇｅ，
ｈｉｇｈ

《周易》第十一卦泰天地泰坤上乾下
泰：小往大来，吉亨。
象曰：泰，小往大来，吉亨。则是天地交，而万物通也；上下交，而其志同也。内阳而外阴，内健而外顺，内君子而外小人，君子道长，小人道消也。
象曰：天地交泰，后以财（裁）成天地之道，辅相天地之宜，以左右民。
初九：拔茅茹，以其汇，征吉。象曰：拔茅征吉，志在外也。
九二：包荒，用冯河，不遐遗，朋亡，得尚于中行。象曰：包荒，得尚于中行，以光大也。
九三：无平不陂，无往不复，艰贞无咎。勿恤其孚，于食有福。象曰：无往不复，天地际也。
六四：翩翩不富，以其邻，不戒以孚。象曰：翩翩不富，皆失实也。不戒以孚，中心愿也。
六五：帝乙归妹，以祉元吉。象曰：以祉元吉，中以行愿也。
上六：城复于隍，勿用师。自邑告命，贞吝。象曰：城复于隍，其命乱也。

陈翼云曰：

大为极限，同泰之吉亨之极，为完结。
如李白诗《望天门山》天门中断楚江开，碧水东流至此回。两岸青山相对出，孤帆一片日边来。此为大也。

丙，山卦始，计十三卦

十四、山卦（同周易艮卦）

山

字源解说

山，甲骨文 ⛰ 像遥望中地平线 ━ 上起伏连绵的群峰 ⛰ 的线描，有三（众多）座峰头。金文 ⛰ 写成剪影。有的金文 山 将三个峰头 ⛰ 简化成三个短竖 山，淡化峰尖形象。篆文 山 保留中间一座峰岭的象形特征。造字本义：起伏叠嶂的峰岭。隶书 山 完全失去峰岭形象。两峰相连、或零散不成方向的小山叫"丘" ⛰ ，众峰（三峰）相连、形成一定走向的群峰叫"山" ⛰ 。

山：《说文解字》解释，宣也。宣气散，生万物，有石而高。象形。凡山之属皆从山。所闲切。

宣也。谓能宣散气、生万物也。九字依庄子释文订。当作散。有石而高。象形。所闲切。十四部。凡山之属皆从山。

详细字义

◎山 s h ā n

〈名〉

（1）（象形。甲骨文和金文字形，象山峰并立的形状。"山"是汉字的一个部首。本义：地面上由土石构成的隆起部分）

（2）同本义 [mountain]

山，土有石而高。——《说文》

山，土之聚也。——《国语·周语》

（3）又如：山霭（山上的云气）；山灵（山神）；山阿（山中凹曲的地方）；山岩（山峰；山崖）；山隈（山角）；山嗵（山岔）；山落（山岔；山角落）；山孤钉（小山包）；山头（绿林好汉占据的山寨；坟地；山墙）；山长（科举时代的书院主讲及总领院务者）；山主（寺院的主持）；山观（山中道观）；山关（依山而建的城堡）

（4）形状像山的东西

刃树剑山。——《南齐书·高逸传伦》

（5）又如：冰山；鳌山；山枕（枕头。古代枕头多用木、瓷制作，中凹，形似山）；山堆阜积（东西堆积得像山一样）；山棚（结彩的牌楼；比武台，戏台）；山家（佛寺）

（6）特指"五岳"

奠高山大川。——《书·禹贡》。孔传："高山，五岳。大川，四渎。"

（7）又如：山斗（"泰山北斗"的缩略。借指卓有成就令人仰慕的人物）；山右（指山西省，西在太行山之右）；山左（山东的别称）

（8）山墙。如：山架（把几层木板镶嵌在墙里的架子）

（9）指酒肆的楼上

酒阁名曰厅院，若楼上则又或名为山，一山、二山、三山之类。牌额写过山，非特有山，谓酒力高远也。——宋·灌圃耐得翁《都城纪胜》

（10）山中。指隐居之处 [hermitage]。如：山谷臣（隐士的自称）；山谷之士（隐士）；山囚（隐居山野不得志的士人）；山巾（山野隐士的便帽）

（11）坟 [mound]。如：山陵（帝王的陵墓）；山园（坟地）；山门（墓门）

（１２）蚕簇。由禾杆、油菜杆搭成的小簇

如：蚕上山了

（１３）姓

汉英互译

◎山

hill mountain jebel

English

mountain, hill, peak

《周易》第五十二卦艮艮为山艮上艮下

彖曰：艮，止也。时止则止，时行则行，动静不失其时，其道光明。艮其止，止其所也。上下敌应，不相与也。是以不获其身，行其庭不见其人，无咎也。

象曰：兼山，艮；君子以思不出其位。

初六：艮其趾，无咎，利永贞。象曰：艮其趾，未失正也。

六二：艮其腓，不拯其随，其心不快。象曰：不拯其随，未退听也。

九三：艮其限，列其夤，厉熏心。象曰：艮其限，危熏心也。

六四：艮其身，无咎。象曰：艮其身，止诸躬也。

六五：艮其辅，言有序，悔亡。象曰：艮其辅，以中正也。

上九：敦艮，吉。象曰：敦艮之吉，以厚终也。

艮：艮其背，不获其身，行其庭，不见其人，无咎。

陈翼云曰：

山为神之肌肤[70]。

---

[70] 曹操诗：神龟虽寿。陶渊明诗：托体同山阿。似以山为归宿，实为始源。

十五、隹卦（音追，同周易蒙卦）

隹

甲骨文	金文	金文	金文	金文	篆文	石	篆文	隶书	楷体
乙5801	甲645	沈阳鼎	令鼎	盂鼎	说文籀文	马王堆	魏三体石经	碑	战国三晋文字

字源解说

隹，甲骨文像喙利翼长的鸟，因飞行极快和善于袭击，常被猎人饲养为捕猎助手，用于追击地面小型走兽目标。造字本义：猎鹰。有的甲骨文突出了利爪；金文突出了猛禽的翼与爪。有的金文深化利爪，突出翅膀。篆文基本承续金文字形，省去了爪形。隶化后楷书隹写成"人"加的结构，字形面目全非。当"隹"作为单纯字件后，金文在鸟的脚爪位置加"十"（"又"的变形，即"手"）另造"隼"代替，表示栖在猎人手上的捕猎猛禽。

『说文解字』

【卷四】【隹部】隹

鸟之短尾總名也。象形。凡隹之属皆从隹。职追切

『说文解字注』

(隹)鸟之短尾總名也。短尾名隹。别于长尾名鸟。云總名者、取数多也。亦鸟名。翩翩者雒。夫不也。本又作隹。象形。职追切。十五部。凡隹之属皆从隹。

详细字义

◎隹 z h u ī〈名〉

（1）（象形。甲骨文字形，象鸟形。《说文》："鸟之短尾之总名也。"与"鸟"同源。"隹"是汉字的一个部首，从"隹"的字与禽类有关。本义：短尾鸟的总名）

（2）同本义［s h o r t－t a i l e d b i r d s］

隹，鸟之短尾总名也。——《说文》

（3）柘树的果实

柘实曰隹。——崔豹《古今注》

●隹

w é i ㄨㄟˊ

◎古同"惟"，助词，用于句首，表发端。

English

b i r d ; K a n g X i r a d i c a l

《周易》第四卦蒙山水蒙艮上坎下

蒙：亨。匪我求童蒙，童蒙求我。初噬告，再三渎，渎则不告。利贞。

彖曰：蒙，山下有险，险而止，蒙。蒙亨，以亨行时中也。匪我求童蒙，童蒙求我，志应也。初噬告，以刚中也。再三渎，渎则不告，渎蒙也。蒙以养正，圣功也。

象曰：山下出泉，蒙；君子以果行育德。

初六：发蒙，利用刑人，用说桎梏，以往吝。象曰：利用刑人，以正法也。

九二：包蒙吉；纳妇吉；子克家。象曰：子克家，刚柔接也。

六三：勿用娶女；见金夫，不有躬，无攸利。象曰：勿用娶女，行不顺也。

六四：困蒙，吝。象曰：困蒙之吝，独远实也。

六五：童蒙，吉。象曰：童蒙之吉，顺以巽也。

上九：击蒙；不利为寇，利御寇。象曰：利用御寇，上下顺也。

十六、丑卦（同周易遁卦）

丑

甲骨文	金文	篆文	楷书	隶书	草书	隶书	整体结字	被认可字
Ｘ	Ｘ	Ｘ	丑	丑	丑	丑	丑	丑
Ｘ	Ｘ	缺	醜	醜	醜	醜	醜	醜

字源解说

本字"丑""丑"是"扭"的本字。丑，甲骨文Ｘ在"又"Ｘ（抓）的三（以三代五）根手指指端，各加一短横指事符号，表示与手指动作有关。造字本义：用手指拧、扭、搓、转。金文Ｘ有所变形。有的金文Ｘ误将两点指事符号连成一撇。篆文Ｘ承续金文字形。隶书Ｘ有所变形，篆文字形中表现手形的"又"的形状消失。当"丑"的"拧、扭"本义消失后，再加"手"另造"扭"代替。

合并字"丑"丑，甲骨文ＸＸ＝Ｘ（酉，酒）＋Ｘ，（鬼，面目可憎），表示酒醉后面目可憎。造字本义：酒醉后疯狂而可怕可恶的神情。金文Ｘ有所变形，将甲骨文中的"酉"Ｘ写成Ｘ，在"酉"Ｘ上面加一只手Ｘ，将甲骨文Ｘ中"鬼头"的"田"写成"甾"Ｘ。篆文Ｘ基本承续甲骨文字形。

『说文解字』

【卷十四】【丑部】

纽也。十二月，万物动，用事。象手之形。时加丑，亦举手时也。凡丑之属皆从丑。敕九切

『说文解字注』

(丑)纽也。律历志曰。纽牙于丑。释名曰。丑、纽也。寒气自屈纽也。淮南天文训、广雅释言皆曰。丑、纽也。纟部曰。纽、系也。一曰结而可解。十二月阴气之固结巳渐解。故曰纽也。十二月万物动用事。后汉书陈宠传曰。十二月阳气上通。雉雊鸡乳。地以为正。殷以为春。象手之形。人于是举手有为。又者、手也。从又而联缀其三指。象欲为。而溧冽气寒、未得为也。敕九切。三部。日加丑。亦举手时也。上言月。此言日。每日太阳加丑。亦是人举手思奋之时。各本讹作时加丑。今改正。凡丑之属皆从丑。

详细字义

◎丑 ｃｈǒｕ〈形〉

（1）（形声。从鬼，酉声。古人以为鬼的面貌最丑，故从鬼。

（2）可恶［ｈａｔｅｆｕｌ］

丑，可恶也。——《说文》

（3）又如：丑名（恶名）；丑言（恶劣的话）；丑攀谈（说粗俗话）；丑徒（恶徒）；丑语（恶劣的话。也作丑话）

（4）污秽［ｄｉｒｔｙ］

行莫丑于辱先生。——司马迁《报任少卿书》。注："秽也。"

（5）又如：丑秽（丑陋污秽）

（6）众多［ｎｕｍｅｒｏｕｓ］

丑，众也。——《尔雅》

（7）又如：丑虏（众多的敌人。也指丑恶的敌人）；丑杂（众多杂乱）

（8）形貌陋劣［ｕｇｌｙ］。如：丑露（丑陋；难看）；丑状（指形貌丑陋）

（9）指事物不好［ｂａｄ］。如：丑田

（10）不光彩，可耻］。如：丑咤（丑事，不光彩的事）；丑行（丑恶的行为）

（11）类，相同［same］

比物丑类。——《礼记·学记》

获匪其丑。——《易·离》

（12）又如：丑夷（年辈相同、学业相等的人）；丑侪（同类，等辈）

◎丑〈动〉

（1）厌恶；憎恶［detest］

丑类恶物。——《左传·文公十八年》

（2）又如：丑沮（丑诋毁谤）

（3）侮辱；玷污［insult］

秦昭王闻之，而欲丑之以辞。——《吕氏春秋》

（4）愤怒［anger］

莫不丑于色。——《淮南子·说林》

（5）又如：丑诋（谩骂诋毁）；丑辞（谩骂之言）；丑诋（辱骂；诋毁）

（6）惭愧［beshamed］

寡人丑乎。——《庄子·德充符》。注："愧也。"

（7）又如：丑比（以曲从阿党为耻）；丑刺刺（方言。羞人答答）；丑辱（耻辱）

◎丑〈名〉

（1）指坏人、恶人［evilperson］。如：丑逆（叛逆的人）；丑徒（叛逆之徒）；丑贼生（丑生。骂人的话。畜生，坏蛋）

（2）动物的肛门处［anus］。如：去丑（除去动物的肛门）

（3）怪异之事［fantasticality］

四曰记丑而博，五曰顺非而泽。——《荀子·宥坐》

（4）传统戏曲中的一种角色，扮演滑稽人物

◎丑chǒu〈名〉

（1）（象形。甲骨文象爪形。①本义：爪）

（2）地支的第二位

丑，纽也。十二月万物动用事。——《说文》

（3）[these con of the twel ve"Terrestrial Branches"]

（4）与天乾相配，用以纪年。如：一九八五年为农历乙丑年

（5）十二生肖属牛［ox］。如：丑肉（牛肉）；丑宝（牛黄的别称）

（6）戏剧中的脚色名［clown］。如：丑三（丑角戴的三绺短须）；丑旦（戏剧中饰演女性的丑角）

（7）姓

English

clown, comedian; terrestrial branch

《周易》第三十三卦遁天山遁乾上艮下

遁：亨，小利贞。彖曰：遁亨，遁而亨也。刚当位而应，与时行也。小利贞，浸而长也。遁之时义大矣哉！

象曰：天下有山，遁；君子以远小人，不恶而严。

初六：遁尾，厉，勿用有攸往。象曰：遁尾之厉，不往何灾也。

六二：执之用黄牛之革，莫之胜说。象曰：执用黄牛，固志也。

九三：系遁，有疾厉，畜臣妾吉。象曰：系遁之厉，有疾惫也。畜臣妾吉，不可大事也。

九四：好□君子吉，小人否。象曰：君子好遁，小人否也。

九五：嘉遁，贞吉。象曰：嘉遁贞吉，以正志也。

上九：肥遁，无不利。象曰：肥遁，无不利；无所疑也。

十七、其卦（音机，同周易随卦）

其

甲骨文		金文		石文		秦形	借代	于中	隶书	初相字法
							其	其	其	其

字源解说

"其"是"箕"的本字。其，甲骨文 像倒写的"网" ，表示用竹篾编织的简单容具，即"箕"的本字。造字本义：竹篾编织成的开口簸箕。有的甲骨文 写成锁口状。有的金文 误将金文 的两个手柄 （左右两个"丁"）写成 （八），并加 ，表示簸箕常被放在台子上。当"其"的"农用盛具"本义消失后，再加"竹"另造"箕"代替。篆文 承续甲骨文 字形。有的篆文 承续金文字形 。隶书 将盛具和台子连写。

《说文解字》没有查到，《康熙字典》解释：

【子集下】【八部】其·康熙笔画：8 ·部外笔画：6

〔古文〕丌亓《唐韵》《集韵》《韵会》渠之切《正韵》渠宜切，音綦。《韵会》指物之辞。《易·系辞》其旨远，其辞文。《诗·大雅》其在于今。又助语辞。《书·西伯戡黎》今王其如台。《诗·周南》灼灼其华。《玉篇》辞也。又姓。《韵会》汉阳阿侯其石。

又《唐韵》《集韵》《韵会》居之切，音姬。《韵会》语辞。《书·微子》若之何其。《诗·小雅》夜如何其。

又人名。《史记·郦生传》郦生食其者，留高阳人也。《注》正义曰：郦食其，三字三音，读历异几。《前汉·楚元王传》

高祖使审食其留侍太上皇。《注》师古曰：食音异，其音基。又山名。《前汉·武帝纪》四月，幸不其。《注》其音基，山名。《广韵》在琅邪。

又地名。《韵会》祝其，卽夹谷也。
又《集韵》《韵会》居吏切。《正韵》吉器切，音寄。《韵会》语已辞。《诗·桧风》彼其之子。通作记。《礼·表记》引《诗》彼记之子。
又通已。《左传·襄二十七年》引《诗》彼己之子。
　　详细字义

◎其ｊī
〈名〉
（1）通"朞"。周年［ａｎｎｉｖｅｒｓａｒｙ］
丧：父母三年，妻、后子三年，父、叔父、弟兄、庶子其，戚、族人五月。——《墨子》
左右伯受沐涂树之枝阔，其年，民被白布。——《管子·轻重戊》
亟其乘屋，其始播百谷。——《诗·豳风·七月》
（2）另见ｑí
基本词义

◎其ｑí
〈名〉
通"期"。期限［ｐｒｅｄｅｔｅｒｍｉｎｅｄ　ｔｉｍｅ；　ｓｃｈｅｄｕｌｅｄ　ｔｉｍｅ］
既辱且危，死其将至。——《易·系辞下》
词性变化
◎其ｑí
〈代〉
（1）（形声。甲骨文字形象簸箕形，即"箕"本字。金文又加声符"丌"（ｊī），变成"其"。（ｊī）本义：簸箕。今字作"箕"。"其"假借为代词：他、他们、那等）

（2）彼、他［ｈｅ］

郯子之徒，其贤不及孔子。——《师说》

（3）又如：独善其身

（4）她［ｓｈｅ］。如：萨奇打他的妻子，将其打倒在地

（5）它［ｉｔ］

或者不如说希望：希望其有，又希望其无。——鲁迅《祝福》

（6）他们；她们；它们［ｔｈｅｙ］。如：避其锐气，击其惰归

（7）他的［ｈｉｓ］

他日归，则有馈其兄生鹅者。——《孟子·滕文公下》

（8）又如：其妻

（9）她的［ｈｅｒ］。如：其夫

（10）它的［ｉｔｓ］。如：鸟之将死，其鸣也哀

（11）他们的；她们的；它们的［ｔｈｅｉｒ］。如：他们思想保守，固守其老一套做法

（12）根据情况所指的、提到的或认为的那个［人、物、意思或时间］的［ｔｈａｔ］

其日牛马嘶，新妇入青庐。——《孔雀东南飞》

（13）又如：正当其时

（14）这样，如此［ｓｕｃｈ］。如：不乏其人；其然（如此）

（15）姓

◎其ｑí

〈副〉

（1）也许；大概［ｐｅｒｈａｐｓ；　ｐｒｏｂａｂｌ
ｙ；　ｍｏｓｔｌｉｋｅｌｙ］

善不可失，恶不可长，其陈桓公之谓乎！——《左传·隐公六年》

其自桓叔以下。——《国语·晋语》

齐国其庶几乎。——明·宗臣《报刘一丈书》

齐其庶几乎。

其一旦将以不敬之民而驱之战。——《左传·僖公三十二年》

（2）表示祈使。当，可［ｃａｎ；ｍａｙ］

吾其还也。——《左传·僖公三十二年》

（3）将，将要［ｓｈｏｕｌｄ］

今殷其沦丧。——《书·微子》

（4）表示诘问。通"岂"，难道….？

其为死君乎。——《左传·僖公三十二年》

其敢自谓几于成乎。——唐·韩愈《朱文公校昌黎先生集》

（5）极，甚［ｖｅｒｙ］

开地数千里，此其大功也。——《韩非子·初见秦》

◎其 ｑí

〈连〉

（1）如果，假设［ｉｆ］

其或未能处置，即且给公验。——唐·封演《封氏闻见记》

（2）或许；大概［ｐｅｒｈａｐｓ］

我中国前途，其有望乎？——《负曝闲谈》

（3）又如：其诸（或者）；其者（或者）

（4）还是。表选择［ｓｔｉｌｌ；　ｙｅｔ］

其真无马耶。——唐·韩愈《杂说》

（5）又

其真不知马耶。

其亦足乐乎。——清·邵长蘅《青门剩稿》

◎其 ｑí〈助〉

（1）用作语助。

（2）附着于形容词前、后，起加强形容的作用

北风其凉，雨雪其雱。——《诗·邶风》

（3）又如：他们对工作是极其认真的；这类好辞书，尤其需要；说得何其好哇！

（4）句中助词，无义，只增加一个音节

虽僻远其何伤。——《楚辞·屈原·涉江》

（5）又

云霏霏其承宇。

其敢自谓几于成乎。——唐·韩愈《朱文公校昌黎先生集》

●其 jī

◎〔郦食（yì）～〕中国汉代人

汉英互译

◎其

he his such that English

---

his，her，its，their；that

《周易》第十七卦随泽雷随兑上震下

随：元亨利贞，无咎。

彖曰：随，刚来而下柔，动而说，随。大亨贞，无咎，而天下随时，随之时义大矣哉！

象曰：泽中有雷，随；君子以　晦入宴息。

初九：官有渝，贞吉。出门交有功。象曰：官有渝，从正吉也。出门交有功，不失也。

六二：系小子，失丈夫。象曰：系小子，弗兼与也。

六三：系丈夫，失小子。随有求得，利居贞。象曰：系丈夫，志舍下也。

九四：随有获，贞凶。有孚在道，以明，何咎。象曰：随有获，其义凶也。有孚在道，明功也。

九五：孚于嘉，吉。象曰：孚于嘉，吉；位正中也。

上六：拘系之，乃从维之。王用亨于西山。象曰：拘系之，上穷也。

陈翼云曰：

其卦意为草木兴盛也。

十八、丘卦（同周易坎卦）

丘

字源解说

丘，甲骨文的"丘" 与"山" 相似，不同之处在于，"山"有三个峰头，"丘"只有两个峰头。造字本义：两峰相连的山。有的甲骨文 有所变形，强调山峰突出于地平线 。金文 变形，突出相连的两座峰尖 ，淡化了地平线。有的金文 在早期金文基础上继续变形，误将两座峰尖 写成两个相背的"人"形 ，山形尽失。篆文 承续金文字形 。隶书 将篆文的两个"人" 变形。楷书丘 则将两个"人"分别写成"亻" 和"丁" ，至此"山"形彻底消失。两峰相连、或零散不成方向的小山叫"丘" ，众峰（三峰）相连、形成一定走向的群峰叫"山" 。

『说文解字』

【卷八】【丘部】丘

土之高也，非人所为也。从北从一。一，地也，人居在丘南，故从北。中邦之居，在昆崘东南。一曰四方高，中央下为丘。象形。凡丘之属皆从丘。今隶变作丘。，古文从土。去鸠切

『说文解字注』

(丘)土之高也。大司徒注曰。土高曰丘。非人所为也。释丘曰。非人为之丘。谓非人力所为也。从北。从一。会意。去鸠切。古音在一部。读如欺。汉时读入今之尤韵。故礼记嫌名注曰。宇与禹、丘与区之类。汉时区亦去鸠切也。一、地也。释从一之意。人凥在北南。故从北。释从北之意。中邦之凥在昆仑东南。昆仑下当有丘字。嫌人居不必在丘南。故言仓颉造字之初取意于此。一曰四方高中央下为丘。淮南墬形训注曰。四方而高曰丘。象形。与上会意别。凡北之属皆从北。

古文从土。从土犹从一。

详细字义

◎丘 q i ū〈名〉

（1）（会意兼指事。甲骨文字形，象地面上并立两个小土峰。本义：自然形成的小土山）

（2）同本义 [h i l l o c k；m o u n d]

丘，土之高也。非人所为也。从北，从一。一，地也。人居在丘南，故从北。——《说文》

小陵曰丘。——《广雅·释丘》

丘中有麦。——《诗·王风·丘中有麻》

丘中有李。

是降丘宅土。——《书·禹贡》

北陵坟衍。——《周礼·大司徒》

以君之力，曾不能损魁父之丘，如太行、王屋何？——《列子·汤问》

性本爱丘山。——晋·陶渊明《归园田居》诗

从小丘西行。——唐·柳宗元《至小丘西小石潭记》

苦蔽成丘。——清·蒲松龄《聊斋志异·狼三则》

（3）又如：荒丘（沙丘；丘坡）；丘林（山林）；丘岳（山岳）

（4）泛指山 [mountain; hill]

列缺霹雳，丘峦崩摧。——李白《梦游天姥吟留别》

以登介丘。——《汉书·司马相如传》。注："山也。"

三丘。——《后汉书·张衡传》

（5）又如：丘坂（山坡）；丘林（山林）；丘岳（山岳）；丘阜（山丘；土山）

（6）坟墓 [grave]

亦何面复上先人之丘墓乎。——司马迁《报任安书》

尧葬济阴，丘垄皆小。——《汉书·楚元王传》

出郭门直视，但见丘与坟。——《文选·佚名·古诗十九首》

（7）又如：丘垄（祖先的坟茔；坟墓）；丘木（植于墓地以庇兆域的树木）；丘封（泛指坟墓）；丘冢（坟墓）；丘陇（坟墓）

（8）废墟 [waste-land]

曾不知夏之为丘兮。——《楚辞·屈原·九章·哀郢》

（9）又如：丘垅（废墟，荒地）；丘井（荒丘、枯井。比喻人心寂然不动）

（10）荒凉的乡里 [wild country]。如：丘里（乡里）；丘落（村落）；丘园（家园；乡村）；丘樊（园圃；乡村）

（11）通"区"。地域

是故得乎丘民。——《孟子·尽心下》

四邑为丘。——《周礼·地官·小司徒》

（12）姓

词性变化

◎丘 qiū

〈形〉

（1）空；寡 [empty; widowed]

高祖微时，时其丘嫂食。——《汉书·楚元王传》

（2）又如：丘城（空城）；丘荒（空旷；荒凉）；丘虚（空虚的意思）；丘亭（空亭）

（3）通"巨"。大［great］

乡丘老不通。——《管子·侈靡》

时时过其丘嫂。——《汉书·楚元王传》

◎丘〈量〉

（1）〈方〉：指用田塍隔开的水田［field］

一丘之乔。——宋·沈括《梦溪笔谈》

（2）又如：三丘秧田

汉英互译

◎丘

Grave hillock mound

English

---

hill；elder；empty；aname

《周易》第二十九卦坎坎为水坎上坎下

坎：习坎，有孚，维心亨，行有尚。

彖曰：习坎，重险也。水流而不盈，行险而不失其信。维心亨，乃以刚中也。行有尚，往有功也。天险不可升也，地险山川丘陵也，王公设险以守其国，坎之时用大矣哉！

象曰：水洊至，习坎；君子以常德行，习教事。

初六：习坎，入于坎窞，凶。象曰：习坎入坎，失道凶也。

九二：坎有险，求小得。象曰：求小得，未出中也。

六三：来之坎坎，险且枕，入于坎窞，勿用。象曰：来之坎坎，终无功也。

六四：樽酒簋贰，用缶，纳约自牖，终无咎。象曰：樽酒簋贰，刚柔际也。

九五：坎不盈，只既平，无咎。象曰：坎不盈，中未大也。

上六：▆用徽纆，置于丛棘，三岁不得，凶。象曰：上六失道，凶三岁也。

十九、贵卦（同周易小过卦）

贵

甲骨文	美宝	契宝	美长	陶甲	陶华	印章字	甲金文	入篆

字源解说

贵，甲骨文（双手）+（土），像双手捧着泥土。有的甲骨文增加"宁"（即"贮"，存宝的匣子），强调将具有象征性的泥土装进匣子里加以珍藏。造字本义：古人敬拜萌生万物的泥土。金文误将甲骨文字形中的（匣子和泥土）写成，将"土"写成"贝"（价值），强调土地的"价值"。篆文承续金文字形。隶书将篆文的写成，"爪"形消失，字形晦涩。

『说文解字』

【卷六】【贝部】

物不贱也。从贝臾声。臾，古文蒉。居胃切

『说文解字注』

物不贱也。从贝。臾声。居胃切。十五部。臾、古文蒉。见卄部。○按贵篆各本厕部末賏上。非旧次也。今更正。

(贵)物不贱也。从贝。臾声。居胃切。十五部。臾、古文蒉。见卄部。○按贵篆各本厕部末賏上。非旧次也。今更正。

详细字义

◎贵

贵 guì〈形〉

（1）（形声。小篆字形，从贝，臾（guì）声。从"贝"，表示与钱物有关。本义：物价高，与"贱"相对）

（2）同本义 [expensive; costly]

贵，物不贱也。——《说文》

贵货而贱土。——《国语·晋语》

（3）又如：春雨贵如油；昂贵（价格很高）；贵腾（价格暴涨）；贵踊（物价上涨）；贵贾（高价）

（4）社会地位高 [of high rank; noble]

贵，尊也。贵贱以物喻。犹尊卑以器喻。——《广雅》

一曰爵以驭其贵。——《周礼·太宰》

民犹犯贵。——《礼记·坊记》

（5）又如：显贵；权贵；亲贵（帝王的近亲或亲信）；富贵（有钱又有地位）；贵地（显达的地位；尊称他人的乡里）；贵途（升官晋爵的途径）；贵私（一心想私人占有）；贵不期骄（显贵者不锲望染上骄恣专横的习气，但仍在不知不觉中滋长起来了）

（6）贵重；重要

礼之用，和为贵。——《论语·学而》

（7）又如：贵宝（贵重的宝物）；贵献（贵重的献礼）；贵器（贵重的器皿。喻大器或高位）；贵珍（贵重的珍品）

（8）敬辞，尊称与对方有关的事物时用 [your]

贵房师高要县汤公，就是先祖的门生。——《儒林外史》

（9）又如：贵国；贵府；贵地；贵上下（询问对方姓名的敬辞）；贵上（对别人的仆役称其主人的敬称）

词性变化

◎贵 guì〈名〉

（1）地位显要的人 [high official]

虽沾巾覆形，不及贵门犬。——唐·于之贲《山村臾》

（2）又如：贵门（权贵人家）；贵阶（唐代品秩之制有九品，五品以上称贵阶）；贵游（没有官职的王公贵族）；贵躬（指王公贵人）

（3）贵州省的简称［Ｇｕｉ ｚｈｏｕ ｐｒｏｖｉｎｃｅ］

古人贵朝闻夕死，况君前途尚可。——《世说新语·自新》

（4）又如：云贵高原

（5）姓。汉有庐江太守贵迁

◎贵 ｇｕì〈动〉

（1）抬高物价［ｒｉｓｅｉｎ ｐｒｉｃｅ］

而枭谷之人贵贱其价。——《论衡·变动》

欲民务农，在于贵粟。——晁错《论贵粟疏》

（2）崇尚，重视

去谗远色，贱货而贵德。——《礼·中庸》

有道之士，贵以近知远，以今知古，以所见知所不见。——《吕氏春秋·察今》

圣王者不贵义而贵法。——《商君书·画策》

（3）又如：贵德（崇尚道德）；贵爱（珍贵爱重）；贵农贱商（重农轻商）；贵尚（崇尚；尊崇）；贵好（崇尚和喜好）；贵贵（尊敬显贵的人）；贵敬（敬重）；贵异（特别看重；不作一般看待；珍视）；贵信（尊重和信任）

汉英互译

◎贵

ｃｏｓｔｌｙ　ｅｘｐｅｎｓｉｖｅ　ｎｏｂｌｅ　ｐｒｅｃｉｏｕｓ　ｖａｌｕａｂｌｅ Ｅｎｇｌｉｓｈ

ｅｘｐｅｎｓｉｖｅ，　ｃｏｓｔｌｙ，　ｖａｌｕａｂｌｅ

《周易》第六十二卦小过雷山小过震上艮下

小过：亨，利贞，可小事，不可大事。飞鸟遗之音，不宜上宜下，大吉。

彖曰：小过，小者过而亨也。过以利贞，与时行也。柔得中，是以小事吉也。刚失位而不中，是以不可大事也。有飞鸟之象焉，有飞鸟遗之音，不宜上宜下，大吉；上逆而下顺也。

象曰：山上有雷，小过；君子以行过乎恭，丧过乎哀，用过乎俭。

初六：飞鸟以凶。象曰：飞鸟以凶，不可如何也。

六二：过其祖，遇其妣；不及其君，遇其臣；无咎。象曰：不及其君，臣不可过也。

九三：弗过防之，从或戕之，凶。象曰：从或戕之，凶如何也。

九四：无咎，弗过遇之。往厉必戒，勿用永贞。象曰：弗过遇之，位不当也。往厉必戒，终不可长也。

六五：密云不雨，自我西郊，公弋取彼在穴。象曰：密云不雨，已上也。

上六：弗遇过之，飞鸟离之，凶，是谓灾眚。象曰：弗遇过之，已亢也。

陈翼云曰：

贵卦意为人在柙[71]中。

古代柙为专用藏虎符，兵者凶器也，为大凶之器。

虎为白虎，主凶杀丧事。如今世人多有佩戴虎型玉者，取其为十二属相，无知若此。

---

[71] 柙,槛也,以藏虎兕。——《说文》

虎兕出于柙。——《论语·季氏》

二十、尧卦（同周易大畜卦）

尧

甲骨文	金文	字形		篆书	隶书	行书	楷体草书	繁体简化	复写力学
	缺						之		刊用夏令平马凯事居礼。

字源解说

尧，甲骨文 像一个人 肩扛 着陶器 。籀文 像两个人 头顶着陶器的土坯 。篆文 像一个人 头上顶着好几个陶器土坯 。造字本义：头顶陶器的人，中国古代最早的制陶者。古人常以部落或联盟首领的特长、或开创性的文明功绩来敬称他们的首领——最早推广系统用火的首领为"炎帝"；最早推广射箭习武的首领为"黄帝"；最早推广采摘种植的首领为"华"；最早推广农耕生产的首领为"夏"；最早推广制陶的首领为"尧"；最早推行熟食制度的首领为"舜"；最早推广渔业的首领为"鲧"；最早推广治蛇治水的首领为"禹"。

『说文解字』

【卷十三】【垚部】尧

高也。从垚在兀上，高远也。古文尧。吾聊切文二　重一

『说文解字注』

高也。尧本谓高。陶唐氏以为号。白虎通曰。尧犹峣峣。峣峣、至高之皃。按焦峣、山高皃。见山部。尧之言至高也。舜、山海经作俊。俊之言至大也。皆生时臣民所偁之号。非谥也。从垚在兀上。高远也。会意。兀者、高而上平也。高而上平之上又增益之以垚。是其高且远可知也。吾聊切。二部。

(尧)高也。尧本谓高。陶唐氏以为号。白虎通曰。尧犹峣峣。峣峣、至高之皃。按焦峣、山高皃。见山部。尧之言至高也。舜、山海经作俊。俊之言至大也。皆生时臣民所偁之号。非谥也。从垚在兀上。高远也。会意。兀者、高而上平也。高而上平之上又增益之以垚。是其高且远可知也。吾聊切。二部。

古文尧。此从二土、而二人在其下。小徐本、汗、古文四声韵尚不误。汲古阁乃大误。

详细字义

◎尧

尧 yáo

〈形〉

（会意。从垚（yáo），从兀。"垚"是土高，兀（wù）高耸突出，所以"尧"表示高。本义：高）同本义［high］

尧，高也。——《说文》

曰若稽古帝尧。——《书·尧典》。马注："翼善传圣曰尧。"

尧亦美谥也。——《论衡·须颂》

尧犹荛荛也，至高之貌。——《白虎通·号》

尧者，高也，饶也。——《风俗通·皇霸》

词性变化

◎尧

尧 Yáo〈名〉

（1）中国古代的皇帝陶唐氏之号。生于伊，嗣后耆，故称伊耆氏；初封陶，后徙唐，又称"伊唐氏"［Yao］

长此戴尧天。——杜审言《蓬莱三殿传宴》

运生世治，劫生世危，尧、舜、禹、汤…皆应运而生者。——《红楼梦》

（2）又如：尧（草名，相传当初生于尧的厨房，能自己摇动生风，防止食物变质）；尧天（比喻太平盛世）；尧封（疆域。传说尧舜时划定我国疆土为十二州，故称）

(3)姓

《周易》第二十六卦大畜山天大畜艮上乾下

大畜：利贞，不家食吉，利涉大川。

彖曰：大畜，刚健笃实辉光，日新其德，刚上而尚贤。能止健，大正也。不家食吉，养贤也。利涉大川，应乎天也。

象曰：天在山中，大畜；君子以多识前言往行，以畜其德。

初九：有厉利已。象曰：有厉利已，不犯灾也。

九二：舆说辐。象曰：舆说辐，中无尤也。

九三：良马逐，利艰贞。曰闲舆卫，利有攸往。象曰：利有攸往，上合志也。

六四：童豕之牿，元吉。象曰：六四元吉，有喜也。

六五：豮豕之牙，吉。象曰：六五之吉，有庆也。

上九：何天之衢，亨。象曰：何天之衢，道大行也。

陈翼云曰：

尧为陶器，艮上乾下，圆底中空之象，外实内虚也[72]。

---

[72] 中国最早的陶器出现于新石器时代早期。大约在距今 15000 年左右，首先在中国南方可能已经开始制陶的试验，到距今 9000 年左右大致完成了陶器的发明和探索[29。1962 年于江西万年县仙人洞遗址发现的圆底罐，其年代据放射性碳素测试为公元前 6875 ± 240 年，为夹砂红陶，外表有绳纹。裴李岗文化（公元前 5500～前 4900 年）中的陶器则多为泥质或夹砂红陶，亦有少量灰陶。在接下来的磁山文化（公元前 5400 年～前 5100 年）、大地湾文化（公元前 5200 年～前 4800 年）、仰韶文化、马家窑文化、大汶口文化、龙山文化可以看出古代中国人的制陶工艺不断发展，品质提高，种类增多。

在中国，彩陶出现在公元前 4000 年左右。"半坡彩陶"为仰韶文化的一部分，在 1953 年首先于陕西西安市半坡村被发现，主要包含水壶及碗等。一开始它们上面纯粹为红色，但陶器上渐渐有独特的符号，称为半坡陶符，纹饰有动物纹、几何纹、编织纹等。此后在临近各省也发现了类似的陶器。在公元前 2500 年至 2000 年的龙山文化中，出现了黑陶，这是中国制陶工艺的一次高峰。

二十一、召卦（同周易困卦）

召

甲骨文		金文	篆文	隶书	楷体	今草	篆书	繁简字注

字源解说

"召"是"招"的本字。刀，既是声旁也是形旁，疑是"匕"即"匙"的误写。召，甲骨文（双手）（匕，酒匙）（酉，酒坛），表示主人手持酒匕为客人打酒。有的甲骨文用"口"（盛器）代替"酉"；再加，像主宾双方相对坐在席子上。简体甲骨文省去双手和主客对坐的形象，并将酒匙"匕"写成"刀"。造字本义：打酒添食，招待客人。金文加"夕"（肉食），表示用酒肉招待客人，将甲骨文字形中主宾对坐在席子上的形象写成不知所云的。简体金文、篆文承续简体甲骨文字形。隶化后俗体楷书召

在商朝，有理论认为是当时印欧语系的游牧民族带来陶轮的技术，令陶器量产化。在周朝，以陶轮制作的陶器会以更高温烧制，令其硬度增加，同时亦会使用绿色的釉料。秦朝的陶俑兵马俑成为当时最具代表性的陶器，而在此时陶器的描绘主题由动物转变为人。在汉朝，陶器的描绘主题由于佛教的传播而出现了佛的形象。到了唐朝，中国出现了白色的陶瓷，而同时亦出现了其他陶像，例如唐俑，唐三彩成为当时艺术精华的代表。到了宋朝，因为瓷器技术开始成熟令中国的陶器的辉煌被瓷器完全盖过。此后中国的陶瓷器重点便落在瓷器上。然而明清的紫砂壶等陶器乃至近代的江苏宜兴、广东石湾的陶器工艺仍然有非常高的水准。

将篆文字形中的  写成 刀。当"召"的"招呼"本义消失后，篆文再加"手"另造"招"代替。

『说文解字』

【卷二】【口部】召

言乎也。从口刀声。直少切

『说文解字注』

(召)也。言部曰。、召也。从口。刀声。直少切。二部。

詳细字义

◎召 z h à o〈动〉

（1）（形声。从口，刀声。本义：呼唤）

（2）召唤。用言语叫人来

召，呼也。从口，刀声。以言曰召，以手曰招。——《说文》

召，呼也。——《广雅·释诂二》

召有司。——《史记·廉颇蔺相如列传》

召赵御吏。

（3）又如：召呼（呼唤；通知；交代）；召致（使之至；唤来）

（4）招致 [i n c u r]

故言有召祸也，行有招辱也。——《荀子·劝学》

（5）又如：召引（招引；引导）；召幸（被招致或宠爱的人）；召取（导致；引来）

（6）邀请 [i n v i t e]

楚人有烹猴而召其邻人。——《淮南子·修务》。注："召，犹请也。"

令召客者酒醋。——《吕氏春秋·分职》

今召客者，酒醋，歌舞，鼓瑟吹竽。——《吕氏春秋》

（7）征召来授予官职或另有调用 [r e c r u i t]

于是天子乃召拜广为右北平太守。——《史记·李将军列传》召三老。——《史记·陈涉世家》

（8）感化和召唤

物色相召，人谁获安！——《文心雕龙》

（9）召集［ｃａｌｌ　ｔｏｇｅｔｈｅｒ］

召令徒属。——《史记·陈涉世家》

汉英互译

◎召

ｃａｌｌｔｏｇｅｔｈｅｒ　ｃｏｎｖｅｎｅ

ｓｕｍｍｏｎ

Ｅｎｇｌｉｓｈ

ｉｍｐｅｒｉａｌｄｅｃｒｅｅ；　ｓｕｍｍｏｎ

《周易》第四十七卦困泽水困兑上坎下

困：亨，贞，大人吉，无咎，有言不信。

彖曰：困，刚掩也。险以说，困而不失其所，亨；其唯君子乎？贞大人吉，以刚中也。有言不信，尚口乃穷也。

象曰：泽无水，困；君子以致命遂志。

初六：臀困于株木，入于幽谷，三岁不见。象曰：入于幽谷，幽不明也。

九二：困于酒食，朱绂方来，利用亨祀，征凶，无咎。象曰：困于酒食，中有庆也。

六三：困于石，据于蒺藜，入于其宫，不见其妻，凶。象曰：据于蒺藜，乘刚也。入于其宫，不见其妻，不祥也。

九四：来徐徐，困于金车，吝，有终。象曰：来徐徐，志在下也。虽不当位，有与也。

九五：劓刖，困于赤绂，乃徐有说，利用祭祀。象曰：劓刖，志未得也。乃徐有说，以中直也。利用祭祀，受福也。

上六：困于葛藟，于臲卼，曰动悔。有悔，征吉。象曰：困于葛藟，未当也。动悔，有悔吉，行也。

二十二、鹿卦（同周易蛊卦）

鹿

甲骨文			金文		篆文	隶书	楷书	行书	草书	行书变体
						鹿	鹿	鹿	鹿	鹿
写铸	屯南3394	合集10344	命簋	曾子曲	说文解字	礼器碑	欧阳询	王铎	那坡尚命	印刷字体

字源解说

鹿，甲骨文 、 、 像长着大眼睛和一对枝角 的短尾四脚动物。造字本义：哺乳动物中反刍类的一种，四肢细长尾巴短，一般雄兽头上有角。金文 基本承续甲骨文字形，突出了灵巧的四蹄。篆文 在金文字形 的基础上有所变形，淡化了丽角，突出了四蹄。隶书 使丽角形象完全消失。

『说文解字』

【卷十】【鹿部】鹿

兽也。象头角四足之形。鸟鹿足相似，从匕。凡鹿之属皆从鹿。卢谷切

『说文解字注』

(鹿)鹿兽也。鹿字今补。三字句。韵会作山兽。象头角四足之形。卢谷切。三部。鸟鹿足相比。从比。依韵会订。说从比之意也。上言？象其足矣。此当有一曰二字。鸟鹿皆二足相距密。不同他兽相距宽。故鸟从匕、鹿从比。比、密也。古匕与比通用。故巤之曰从比。凡鹿之属皆从鹿。

详细字义

◎鹿 lù

〈名〉

（1）（象形。甲骨文字形，象鹿的头角四足之形。本义：鹿科动物的总称。种类很多，通常雄鹿有角）

（2）同本义 [deer]

鹿，山兽也。——《说文》

即鹿无虞。——《易·屯》

呦呦鹿鸣。——《诗·小雅·鹿鸣》

鹿中容八算。——《仪礼·乡射礼记》

（3）又如：鹿中（刻成鹿形的木器）；鹿伏鹤行（形容小心警惕的样子）

（4）比喻政权，爵位 [political power]

秦失其鹿，天下共逐之。——《史记·淮阴侯列传》

（5）又如：鹿台（古台名。故址在今河南汤阴朝歌镇南，相传为殷纣王所造。武王伐纣，纣兵败，登台自焚而死）

（6）方形粮仓 [granary; barn]

市无赤米，而囷鹿空虚。——《国语·吴语》

（7）通"麓"。山脚 [foot of a hill or mountain]

秋八月辛卯，沙鹿崩。——《谷梁传·僖公十四年》

（8）通"簏"。竹箱 [bam boovessel]

而囷鹿空虚。——《国语·吴语》

（9）姓

词性变化

◎鹿 lù

〈形〉

粗，陋 [coarse]。如：鹿布（粗布）；鹿车（用人力推拉的窄小车子）

汉英互译

◎鹿

d e e r

E n g l i s h

d e e r ;　　s u r n a m e ;　　K a n g X i　　r a d
i c a l

《周易》第十八卦蛊山风蛊艮上巽下

蛊：元亨，利涉大川。先甲三日，后甲三日。

彖曰：蛊，刚上而柔下，巽而止，蛊。蛊，元亨，而天下治
也。利涉大川，往有事也。先甲三日，后甲三日，终则有始，
天行也。

象曰：山下有风，蛊；君子以振民育德。

初六：乾父之蛊，有子，考无咎，厉终吉。象曰：乾父之蛊，
意承考也。

九二：乾母之蛊，不可贞。象曰：乾母之蛊，得中道也。

九三：乾父小有晦，无大咎。象曰：乾父之蛊，终无咎也。

六四：裕父之蛊，往见吝。象曰：裕父之蛊，往未得也。

六五：乾父之蛊，用誉。象曰：乾父之蛊；承以德也。

上九：不事王侯，高尚其事。象曰：不事王侯，志可则也。

陈翼云曰：

鹿其为驻也。卦象为土下之风，不稳之象。

古例有占风水之课。艮为坟墓，风为动，是坟墓建在风日
夜侵蚀之地。

古代"风水"一词专指阴宅坟墓之吉凶，现代人自民国之
后用于描述家宅阳宅，动辄称自己家风水好恶，亦无知之极
也。

二十三、示卦（同周易噬嗑卦）

示

甲骨文		金文	篆文	隶书	楷书	草书	行书	标准宋体
T	T	示	缺	示	示	示	示	示	示

字源解说

示，甲骨文 T 上面一横指事符号 — 代表"天"，古人认为无所不能的神居住在天上；一竖指事符号 | 代表垂直朝天的方向。有的甲骨文 T 把"天" — 写成 二，用上短下长代表朝上的方向，代表天宇。有的甲骨文 示 在 T 基础上加"八" 八（"兮"的省略），表示兮，乎，吟念祝祷。造字本义：朝天祭拜，祈求天神显明天意。籀文 川 有所变形。篆文 示 承续甲骨文字形。

『说文解字』

【卷一】【示部】示

天垂象，见吉凶，所以示人也。从二。三垂，日月星也。观乎天文，以察时变。示，神事也。凡示之属皆从示。古文示。神至切。

『说文解字注』

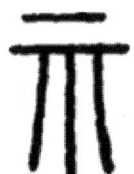

(示)天垂象。见吉凶。见周易辞。所以示人也。从二三垂。日月星也。观乎天文，以察时变。见周易贲象传。示神事也。言天县象箸明以示人。圣人因以神道设教。凡示之属皆从示。神至切。古音第十五部。中庸、小雅以示为寘。

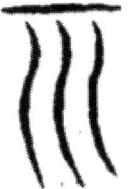

示。所谓古文诸上字皆从一也。
详细字义

◎示 s h ì

〈动〉

（1）会意。小篆字形，"二"是古文"上"字，三竖代表日月星。甲骨文本作"T"，象祭台形。"示"是汉字的一个部首，其义多与祭祀、礼仪有关。本读（qí）。本义：地神。引申义：让人看，显示。

（2）显现；表示 [n o t i f y；s h o w]

示，现也。——《华严经音义》

天垂象见吉凶所以示人也。——《说文》。古文三垂，日月星也。观乎天文以察时变，示神事也。

示，现也。——《苍颉篇》

武王示之病。——《战国策·秦策》

穷不得所示。——《楚辞·怀沙》

王不行，示赵弱且怯也。——《史记·廉颇蔺相如列传》

斩使以示威。——《三国演义》

二子心计，公无从办，特示故人意耳。——明·崔铣《记王忠肃公翱三事》

（3）又如：示像（显露外形）；示疾（佛教语。佛菩萨及高僧得病）；示现（菩萨应机缘而现种种化身）；示贬于褒（寓批评于表扬）；示重（表示器重）；示问（指表示问候的简札书启之类）；示俭（表现节俭）；示优（表示优厚）；示惩（表示惩戒）；示怀（表示恩德）；示导（启示开导）；示诲（开导教诲）

（4）指示；让人看；把事物摆出来或指出来让人知道 [p o i n t o u t；d e m o n s t r a t e]

示，语也，以事告人曰示也。——《玉篇》

示，垂示。——《广韵》

示我周行。——《诗·小雅·鹿鸣》

言示之事。——《诗·大雅·抑》

则不能毋举物示之乎？——《墨子·尚贤下》

国之利器不可以示人。——《老子》

袒而示之背。——《左传·庄公八年》

召桑田巫，示而杀之。——《左传·成公十年》

璧有瑕，请指示王。——《史记·廉颇蔺相如列传》

权以示群下，莫不响震失色。——《资治通鉴》

归以示成。——《聊斋志异·促织》

（5）又如：示仰（指示；传达）；示梦（灵魂在梦中以事示人）；示下（指示）；示导（启示开导）；示众（给大家看，特指当众惩罚人）；示及（见示、谈到）；示化（启示化导）；示世（昭示于世人）；示唆（启示）；示覆（书牍中请对方作答之用语）；示知（信函用语。告知）；示谕（告知；晓示）

（6）暗示；示意解释 [h i n t]

范增数目项王，举所佩玉玦以示之者三。——《史记·项羽本纪》

词性变化

◎示 s h ì

〈名〉

（1）公文，告示 [n o t i c e]

那看的人虽如人山人海，好在国王久已出示，毋许驱逐闲人，悉听庶民瞻仰。——《镜花缘》

（2）泛指命令、指示 [o r d e r]

戏子们请老爷的示：还是伺候，还是回去？——《儒林外史》

（3）对别人来信的敬称 [y o u r l e t t e r ; i n s t r u c t i o n]。如：惠示；赐示

汉英互译

◎示

i n s t r u c t   n o t i f y   s h o w
E n g l i s h

---

show, manifest; demonstrate

《周易》第二十一卦噬嗑火雷噬嗑离上震下

噬嗑：亨。利用狱。

象曰：颐中有物，曰噬嗑，噬嗑而亨。刚柔分，动而明，雷电合而章。柔得中而上行，虽不当位，利用狱也。

象曰：雷电噬嗑；先王以明罚敕法。

初九：履校灭趾，无咎。象曰：履校灭趾，不行也。

六二：噬肤灭鼻，无咎。象曰：噬肤灭鼻，乘刚也。

六三：噬腊肉，遇毒；小吝，无咎。象曰：遇毒，位不当也。

九四：噬乾胏，得金矢，利艰贞，吉。象曰：利艰贞吉，未光也。六五：噬乾肉，得黄金，贞厉，无咎。象曰：贞厉无咎，得当也。

上九：何校灭耳，凶。象曰：何校灭耳，聪不明也。

陈翼云曰：

示卦意为上天之神，为元始，为祖[73]。

---

[73] 示为祭拜信仰之神。不可误为祖先，也不为祭祖。祭祖是祭拜先人，祭拜故去之人。

关于祭祖：在儒家的观念中，祖先信仰主要讲究慎终追远，表达对祖先的感念之情，也是相信祖先的在天之灵会继续保佑自己的后代。"孝"是最重要的的美德之一，俗曰"圣人以孝治天下"，可由孝引发忠、信、仁、义等道德。即使对已经去世的先人，也要像他们依然活着时一样的尊敬，在节日、忌日中要供奉、祭祀，对祖先的崇拜是一种类或准宗教信仰。以汉族客家人为例，祖先崇拜具有尊宗报本、文化教育、祈福、预兆等功能。潮汕地区称祭祖为拜老公每逢初一十五或重大节日，各家制作红桃粿等等贡品，祭祀祖先。中国的许多节日，都离不开祭祀祖先这一内容，除、清、盂、九四节日，是中国传统里祭祖的四大节庆。上巳节、端午、中秋、寒衣节、冬至等节庆，亦是个别地域的祭祖佳辰。

祖先祭祀的方式通常有家祭、墓祭、祠祭。在儒家社会，祖先信仰具有特殊的意义，占有重要的地位。在这一信仰影响下，"上无愧祖先，下不负子孙"成为人们生命中的重要信念，并形成了对家庭的重视和家文化的发达。

二十四、凤卦（同周易旅卦）

凤

甲骨文	金文	篆文	李斯	楷书	竹书	隶书	繁化指示	简化楷字	通行方案

字源解说

凤，既是声旁也是形旁，是篆文 对甲骨文字形中"丮"（"丮"即"执"的本字，表示抓持）的误写。凤，早期甲骨文 是象形字，像华美堂皇的大鸟孔雀，头顶华冠，身披带孔眼的修长翎羽 。晚期甲骨文 再加 （丮，"执"的本字，抓住）写成会义字： （神奇华美的大鸟） （丮，抓住），表示祭师抓住传说中的神鸟，进行祭祀通神活动。有的甲骨文 将"丮" 写成 。有的甲骨文 用"兄" （祭祀祷告）代替"丮" （抓住），强调"凤"的祭祀通神作用。金文 承续甲骨文字形， 表示孔雀带孔眼图案的羽毛。篆文 误将甲骨文字形中的"丮" 写成"凡" （并以"凡"为声旁），将甲骨文字形中的"隹" 写成"鸟"。

。造字本义：名词，远古祭师用来祭祀通神的完美神鸟，传说中的百鸟之王，头顶华冠，羽披百眼，形似今日孔雀；雄的称为"凤"，雌的称为"凰"。隶书 将篆文字形中的 写成 ，将篆文字形中的 写成 。简体楷书 依据草书字形中的"鸟"将正体楷书字形中的"鸟"简化成"又"。甲骨卜辞多假借"凤"代替"风"。在甲骨文中，"龙"、"凤"都有头冠，表示龙为兽中之王，凤为鸟中之王。

『说文解字』

【卷四】【鸟部】凤

神鸟也。天老曰："凤之象也，鸿前麐后，蛇颈鱼尾，鹳颡鸳思，龙文虎背，燕颔鸡喙，五色备举。出于东方君子之国，翱翔四海之外，过昆崘，饮砥柱，濯羽弱水，莫宿风穴。见则天下大安宁。"从鸟凡声。古文凤，象形。凤飞，羣鸟从以万数，故以为朋党字。亦古文凤。冯贡切

『说文解字注』

神鸟也。天老曰。天老、黄帝臣。凤之像也。麐前鹿后。蛇颈鱼尾。龙文龟背。燕颔鸡喙。五色备举。麐前鹿后各本作鸿前麐后。又鱼尾下有鹳颡鸳思四字。按尔雅释文、大雅卷阿正义、初学记、论语疏所引皆作麐前鹿后。皆无鹳颡鸳思四字。惟左传正义同今本。葢唐人所据原有二本。左疏所据非善本也。天老对黄帝之言见韩诗外传。今外传亦无此四字。郭氏山海经图赞曰。八象其体。五德其文。云八象则益为十者非矣。今皆更正。五德其文者、首文曰德。翼文曰顺。背文曰义。腹文曰信。膺文曰仁也。见山海经。出于东方君子之国。见羊部羌下。翱翔四海之外。过昆崘。昆崘当作昆仑。饮砥柱。濯羽弱水。弱水部作溺。莫宿风穴。二语见淮南书。文选注引许慎曰。风穴、风所从出也。见则天下大安宁。黄帝、周成王之世是也。从鸟。凡声。冯贡切。古音在七部。荀卿书引诗。有凤有皇。乐帝之心。当作有皇有凤。与心为韵。

(凤)神鸟也。天老曰。天老、黄帝臣。凤之像也。麐前鹿后。蛇颈鱼尾。龙文龟背。燕颔鸡喙。五色备举。麐前鹿后各本作鸿前麐后。又鱼尾下有鹳颡鸳思四字。按尔雅释文、大雅卷阿正义、初学记、论语疏所引皆作麐前鹿后。皆无鹳颡鸳思四字。惟左传正义同今本。盖唐人所据原有二本。左疏所据非善本也。天老对黄帝之言见韩诗外传。今外传亦无此四字。郭氏山海经图赞曰。八象其体。五德其文。云八象则益为十者非矣。今皆更正。五德其文者、首文曰德。翼文曰顺。背文曰义。腹文曰信。膺文曰仁也。见山海经。出于东方君子之国。见羊部羌下。翱翔四海之外。过昆崘。昆崘当作昆仑。饮砥柱。濯羽弱水。弱水部作溺。莫宿风穴。二语见淮南书。文选注引许慎曰。风穴、风所从出也。见则天下大安宁。黄帝、周成王之世是也。从鸟。凡声。冯贡切。古音在七部。荀卿书引诗。有凤有皇。乐帝之心。当作有皇有凤。与心为韵。

古文凤。象形。象其首及羽翼。凤飞。羣鸟从吕万数。故吕为朋党字。此说假借也。朋本神鸟。以为朋党字。韦本相背也。以为皮韦。乌本孝乌也。以为乌呼。子本十一月阳气动万物滋也。人以为偁。凡此四以为皆言六书假借也。朋党字何以借朋鸟也。凤飞则羣鸟从以万数也。未制凤字之前假借固已久矣。犹习闻凤至者为之也。六部七部音冣相近。故朋在六部、蒸登韵。小篆凤入七部。侵韵也。

亦古文凤。旣象其形矣。又加鸟旁。盖朋者冣初古文。鹏者踵为之者也。庄子书。化而为鸟。其名为鹏。崔云古凤字。按庄生寓言。故鲲、鱼子也。鹏、羣鸟之一也。而皆云大不知其几千里。

详细字义

◎凤

凤 fèng

〈名〉

（1）（形声。从鸟，凡声。本义：凤凰。中国古代传说中的百鸟之王。常用来象征祥瑞。雄的叫凤，雌的叫凰）

（2）同本义 [phoenix, amythicbird]

凤，神鸟也。朋，古文凤。——《说文》

凤皇来仪。——《书·益稷》

凤皇于飞。——《诗·大雅·卷阿》。传："凤皇，灵鸟仁瑞也。雄曰凤，雌曰皇。"

故鸟有凤而鱼有鲲。——宋玉《对楚王问》

（3）又如：凤求凰；凤子（绣有凤凰的轿子）；凤舸（雕有凤凰的大游船）；凤毛（凤凰的羽毛。多用以赞美人的文采俊秀，有先人遗风）

（4）古时比喻有圣德的人 [saint]

潘陆张左，擅侈丽之才，饰羽仪于凤穴。——《北史·文苑传序》

（5）又如：凤穴（比喻文才荟萃的地方）

（6）借喻帝王 [emperor]。如：凤阁龙楼（帝王居住的楼阁）；凤邸（称古代帝王登位前所居住的宅第）；凤纸（帝王诏敕用纸）；凤诏（天子的诏书）；凤驾（帝王所乘坐的车驾）

（7）乐器，音律 [instrument; temperament]。如：凤吹（指笛、笙、箫一类的管乐器）；凤管（指笙）；凤箫（古管乐器名。即排箫）

（8）指婚姻关系中的男方 [man]。如：凤侣（配偶）

（9）姓

汉英互译

◎凤

phoenix

English

malephoenix；　symbolofjoy

《周易》五十六卦旅火山旅离上艮下

旅：小亨，旅贞吉。

彖曰：旅，小亨，柔得中乎外，而顺乎刚，止而丽乎明，是以小亨，旅贞吉也。旅之时义大矣哉！

象曰：山上有火，旅；君子以明慎用刑，而不留狱。

初六：旅琐琐，斯其所取灾。象曰：旅琐琐，志穷灾也。

六二：旅即次，怀其资，得童仆贞。象曰：得童仆贞，终无尤也。

九三：旅焚其次，丧其童仆，贞厉。象曰：旅焚其次，亦以伤矣。以旅与下，其义丧也。

九四：旅于处，得其资斧，我心不快。象曰：旅于处，未得位也。得其资斧，心未快也。

六五：射雉一矢亡，终以誉命。象曰：终以誉命，上逮也。

上九：鸟焚其巢，旅人先笑后号咷。丧牛于易，凶。象曰：以旅在上，其义焚也。丧牛于易，终莫之闻也。

陈翼云曰：

凤卦意为狂暴，为山上之火，为火山之象，不可近焉[74]。

---

[74] 《尔雅·释鸟》郭璞注，凤凰特征是："鸡头、燕颔、蛇颈、龟背、鱼尾、五彩色，高六尺许"。

《山海经·图赞》说有五种像字纹："首文曰德，翼文曰顺，背文曰义，腹文曰信，膺文曰仁。"

《广雅》："凤凰，鸡头燕颔，蛇颈鸿身，鱼尾骈翼。五色：首文曰德，翼文曰顺，背文义，腹文信，膺文仁。雄鸣曰即即，雌鸣曰足足，昏鸣曰固常，晨鸣曰发明，昼鸣曰保长，举鸣曰上翔，集鸣曰归昌。"

《说文》云："凤之象也，鸿前麟后，鹳颡鸳腮，龙文龟背，燕颔鸡啄，五色备举。"

二十五、龠卦（音月，同周易渐卦）

龠

字源解说

"龠"是"籥"和"龢"的本字。龠，甲骨文是象形字，像是众多竖管被绑在一起，根竖管上端有吹孔，像排笛或排箫的样子。有的甲骨文（倒写的"口"，表示向下吹气）（多孔的排笛），表示吹奏排笛。有的甲骨文省去吹孔形象，将多孔排笛简化成"册"状。造字本义：名词，多管多孔的排笛，远古时代稀有的和音管乐器，多用于重大祭祀或盛典场合。金文、篆文承续甲骨文字形。隶化后楷书将篆文字形中倒写的"口"写成，将篆文字形中的排笛写成。当"龠"偏废后，甲骨文再加"禾"另造"龢"代替，或再加"竹"另造"籥"代替。 『说文解字』

【卷二】【龠部】龠

乐之竹管，三孔，以和众声也。从品仑。仑，理也。凡龠之属皆从龠。以灼切

『说文解字注』

(龠) 乐之竹管。此与竹部钥异义。今经传多用钥字。非也。三孔。孔同空。按周礼笙师礼记少仪明堂位郑注、尔雅郭注、应氏风俗通皆云三孔。惟毛传云六孔。广雅云七孔。

和众声也。和众声、谓奏乐时也。万舞时只用龠以节舞。无他声。从品仑。惟以和众声。故从品。仑、理也。亼部曰。仑、思也。按思犹。理一也。大雅。

详细字义

◎ 龠 yuè

〈名〉

（1） （"籥"（ yuè）的本字。会意。从品仑。"品"表示乐器的管孔，仑是按顺序排列之义。本义：乐器名）

（2） 古代管乐器像编管之形，似为排箫之前身 [y u e , short flute]

龠[75]，乐之竹管，三孔，以和众声也。——《说文》。经传皆以籥为之。

（3） 量词：量器名

量者，龠、合、升、斗、斛也。所以量多少也。本起于黄钟之龠，龠为合，十合为升，十升为斗，十斗为斛。——《汉书·律历志》

（4） 管子 [tube]。如：天地之间其犹橐龠乎

（5） 钥匙 [key]。如：启龠见书

---

[75] 《周礼春官宗伯》：

龠师：中士四人；府二人，史二人，胥二人，徒二十人。

《周礼·春官宗伯》：

龠章：中士二人，下士四人；府一人，史一人，胥二人，徒二十人。

《周易》第五十三卦渐风山渐巽上艮下

渐：女归吉，利贞。

彖曰：渐之进也，女归吉也。进得位，往有功也。进以正，可以正邦也。其位刚，得中也。止而巽，动不穷也。

象曰：山上有木，渐；君子以居贤德，善俗。

初六：鸿渐于乾，小子厉，有言，无咎。象曰：小子之厉，义无咎也。

六二：鸿渐于盘，饮食衎衎，吉。象曰：饮食衎衎，不素饱也。

九三：鸿渐于陆，夫征不复，妇孕不育，凶；利御寇。象曰：夫征不复，离群丑也。妇孕不育，失其道也。利用御寇，顺相保也。

六四：鸿渐于木，或得其桷，无咎。象曰：或得其桷，顺以巽也。

九五：鸿渐于陵，妇三岁不孕，终莫之胜，吉。象曰：终莫之胜，吉；得所愿也。

上九：鸿渐于逵，其羽可用为仪，吉。象曰：其羽可用为仪，吉；不可乱也。

陈翼云曰：

龠，山也[76]。

---

[76] 李白《公无渡河》即龠卦古意。

黄河西来决昆仑，咆哮万里触龙门。波滔天，尧咨嗟。

大禹理百川，儿啼不窥家。杀湍湮洪水，九州始蚕麻。其害乃去，茫然风沙。

被发之叟狂而痴，清晨临流欲奚为。旁人不惜妻止之，公无渡河苦渡之。

虎可搏，河难凭，公果溺死流海湄。有长鲸白齿若雪山，公乎公乎挂罥于其间。

箜篌所悲竟不还。

二十六、禺卦（同周易讼卦）

禺

甲骨文	金文	篆文	隶书	楷书	行书	草书	印刷字体

消失	周节三卷	说文篆书	说文解字	马王堆帛书	如缺	黄道江	舞绍尼	红旗字体

字源解说

禺，金文（甲，面具）（又，操持），表示手持面具，使人不辨真相。造字本义：手持怪兽面具舞蹈、表演。篆文略有变形，淡化手形。隶书完全失去手形。当"禺"的"持面具表演"本消失后，再加"人"另造"偶"、加"心"另造"愚"代替。

『说文解字』

【卷九】【由部】

母猴属。头似鬼。从由从内。牛具切文三重一

『说文解字注』

(禺)母猴属。爪部曰。为者、母猴也。又部曰。

夒、一曰母猴也。郭氏山海经传曰。禺似猕猴而大。赤目长尾。今江南山中多有。说者不了。乃作牛字。按左传鲁公为。檀弓作公叔禺人。可证为、禺是一物也。头倡鬼。故从由。从由。从内。牛具切。古音在四部。读如偶。

详细字义

◎禺 yú〈名〉

（1）区域［ｒｅｇｉｏｎ］，是为十禺。——《管子·侈靡》

（2）山名［Ｙｕ　ｍｏｕｎｔａｉｎ］。在今浙江德清西南，汪罔氏之君，守封禺之山。——《史记》

（3）旧时称日近中午为禺，约在上午九时至十一时［ｎｏｏｎ］

治平元年，常州日禺时，天有大声如雷。——《梦溪笔谈》

（4）又如：禺谷（禺渊。古代传说日落的地方）；禺中（将近中午）

（5）另见ｙù

基本词义

◎禺 yù〈名〉

（1）（象形。小篆字形，象沐猴形。本义：兽名，一种猴）同本义［ａ　ｋｉｎｄ　ｏｆ　ｍｏｎｋｅｙ］

禺，母猴属，头似鬼。似猕猴而大，赤目长尾，亦曰沐猴。——《说文》

有兽焉，其状如禺而白耳。——《山海经》。郭璞注："禺似猕猴而长，赤目长尾。"

（2）另见ｙú

Ｅｎｇｌｉｓｈ

◎ｄｉｓｔｒｉｃｔ；ｍｏｕｎｔａｉｎｉｎ　Ｚｈｅｊｉａｎｇ

《周易》第六卦讼天水讼乾上坎下

讼：有孚，窒。惕中吉。终凶。利见大人，不利涉大川。

象曰：讼，上刚下险，险而健讼。讼有孚窒，惕中吉，刚来而得中也。终凶；讼不可成也。利见大人；尚中正也。不利涉大川；入于渊也。

象曰：天与水违行，讼；君子以作事谋始。

初六：不永所事，小有言，终吉。象曰：不永所事，讼不可长也。虽有小言，其辩明也。

九二：不克讼，归而逋，其邑人三百户，无眚。象曰：不克讼，归而逋也。自下讼上，患至掇也。

六三：食旧德，贞厉，终吉，或从王事，无成。象曰：食旧德，从上吉也。

九四：不克讼，复自命，渝安贞，吉。象曰：复即命，渝安贞；不失也。

九五：讼元吉。象曰：讼元吉，以中正也。

上九：或锡之鞶带，终朝三褫之。象曰：以讼受服，亦不足敬也。

庚，戋卦始，计十三卦

二十七、戋卦（音间，同周易巽卦）

戋

缺	蹊	踐	踐	踐	踐	踐	踐	踐

字源解说

戋，既是声旁也是形旁，表示戈戟相加，武力相残。践，篆文 ![篆] = ![足]（足，征伐）+ ![戋]（戋，戈戟相加，武力相残），表示武力征伐。造字本义：武力征伐，残杀虐待。俗体楷书 践 将正体楷书 踐 的"戋"简化成"戋"。

『说文解字』

【卷十二】【戈部】戋

贼也。从二戈。《周书》曰："戋戋巧言。"昨千切

〖注〗徐锴曰："兵多则残也，故从二戈。"文二十六　重一

『说文解字注』

(戋)贼也。此与残音义皆同。故残用以会意。今则残行而戋废矣。篇、韵皆云伤也。残与？通。故周礼注曰：虽其潘瀺戋余不可袭也。周易。束帛戋戋。子夏传作残残。皆？余之意也。从二戈。会意。昨乾切。十四部。周书曰戋戋。句绝。周书秦誓文也。今书善谝言。言部引之。古文尚书也。

基本字义

●戋

（戋）jiān ㄐㄧㄢ¯

1.〔～～〕少，细微，如"～～微物"，"为数～～"。

2.（戋）

English

small, narrow, tiny, little

《周易》第五十七卦巽巽为风巽上巽下

巽：小亨，利攸往，利见大人。

彖曰：重巽以申命，刚巽乎中正而志行。柔皆顺乎刚，是以小亨，利有攸往，利见大人。

象曰：随风，巽；君子以申命行事。

初六：进退，利武人之贞。象曰：进退，志疑也。利武人之贞，志治也。

九二：巽在床下。用史巫纷若，吉无咎。象曰：纷若之吉，得中也。

九三：频巽，吝。象曰：频巽之吝，志穷也。

六四：悔亡，田获三品。象曰：田获三品，有功也。

九五：贞吉悔亡，无不利。无初有终，先庚三日，后庚三日，吉。象曰：九五之吉，位正中也。

上九：巽在床下，丧其资斧，贞凶。象曰：巽在□下，上穷也。丧其资斧，正乎凶也。

二十八、华卦（同周易恒卦）

华

甲骨文	金文	籀文	朱文	篆文	隶书	草书	异体楷书	简体楷字	造字方案

字源解说

华，甲骨文 像一棵树 上满是花枝 的样子。金文 将甲骨文的"木" 写成 ，同时加"于" （竽），表示古人用花枝装饰欢庆的乐器。籀文 像枝叶茂盛的植物 有许多灿烂的亮点 闪烁其间。篆文 将金文的 写成 ，将金文的 写成 。有的篆文 加"廿" （草），误定了"华"的草本属性，于是"华"的含义遂发生了由"木"变"草"的大转变。造字本义：树木开花。隶书 变形较大，将篆文的 写成 ，将篆文的 写成 ，植物的形状、竽笛的形状消失。正体楷书 、 承续隶书字形。

俗体楷书"华"另造会义字，华＝化（化，变，无中生有） 十（十，是"屮"的变形，即草），表示由草蔓生发的花朵。现代汉语中"华"的本义通常由"花"代替。从甲骨文、金文字形的比较来看，"荣" 的本义是草本植物开花，"华" 的本义是木本植物开花，然而古籍的用字情形却常常相反：称草本植物开花为"华"；

　　称木本植物开花为"荣"。古人常以部落或联盟首领的特长、或开创性的文明功绩来敬称他们的首领——早推广系统用火的首领为"炎帝"；最早推广射箭习武的首领为"黄帝"；最早推广采摘种植的首领为"华"；最早推广农耕生产的首领为"夏"；最早推广制陶的首领为"尧"；最早推行熟食制度的首领为"舜"；最早推广渔业的首领为"鲧"；最早推广治蛇治水的首领为"禹"。

『说文解字』

【卷六】【华部】华

荣也。从艸从。凡华之属皆从华。户瓜切

『说文解字注』

　　(华)荣也。见释艸。艸部曰。葩、华也。部曰。华荣也。按释艸曰。蕍芛葟华荣。浑言之也。又曰。木谓之华。艸谓之荣。荣而实者谓之秀。荣而不实者谓之英。析言之也。引伸为曲礼削瓜为国君华之之字。又为光华、华夏字。从艸亦声。此以会意包形声也。户瓜切。又呼瓜切。古音在五部。俗作花。其字起于北朝。凡之属皆从。

　　详细字义

◎华 h u ā 〈名〉

　　（1）（会意。从舛，从芌（xū）。"华"的本字，上面是"垂"字，象花叶下垂形。本义：花）

　　（2）通"花"，花朵 [f l o w e r]

　　华，荣也。——《说文》

　　木谓之华，草谓之荣。——《尔雅·释草》

　　桃之夭夭，灼灼其华。——《诗·周南·桃夭》

　　（3）又如：华英（指花）；华叶（花与叶）；华胜（花胜。古代妇女的一种花形首饰）；华实（花和果实；亦指开花结果）

（4）轻浮柔弱如花的脉象 [ｆｌｏｗｅｒ　ｐｕｌｓｅ]

脉至如华者，令人善恐。——《素问》。王冰注："谓似华虚弱，不可正取也。"

词性变化

◎华ｈｕā〈动〉

（1）开花 [ｆｌｏｗｅｒ]

桃李始华。——《淮南子·时则训》

（2）又如：华而不实（只开花不结果。比喻外表好看，内容空虚）

（3）昏花 [ｄａｚｚｌｅ]

僧问："拨尘见佛时如何？"师曰："莫眼华。"——《五灯会元》

（4）当中剖开 [ｄｉｓｓｅｃｔ]

瓜曰华之。——《尔雅》

为国君者华之。——《礼记·曲礼》。注："中裂之。"

（5）另见ｈｕá；ｈｕà

基本词义

◎华

华ｈｕá

〈形〉

（1）华丽；光彩美丽 [ｍａｇｎｉｆｉｃｅｎｔ；　ｇｏｒｇｅｏｕｓ]

金银华美之服。——宋·司马光《训俭示康》

华堂之上。——明·刘基《诚意伯刘文成公文集》

华衣乘马。——明·高启《书博鸡者事》

（2）又如：华扁（华丽的匾额）；华彩（华美；光彩）；华服（华丽的服装）；华舆（华美的车辆或轿子）；华筵（华美的筵席）；华观（华丽的观阙，即宫门前的望楼）；华毂（华丽的车）

（3）豪华 [ｌｕｘｕｒｉｏｕｓ；　ｓｕｍｐｔｕｏｕｓ]

况我大魏天王，个为华侈。——杨衒之《洛阳伽蓝记》

（4）称美之词。通常用于跟对方有关的事物［you r］。如：华名（美名）；华宗（对同族或同姓者的美称）；华笺（对他人来信的敬称）；华缄（对他书信的美称或敬称）

（5）灰白［ g r e y ］

多情应笑我，早生华发。——苏轼《赤壁怀古》

（6）又如：华首（头发花白。指老人）；华颠（白发）；华鬓（鬓发花白）；华发（花白头发）

（7）年轻；年少［ y o u n g ］。如：华年

（8）浮华［ f l a s h y ； e x t r a v a g a n t ］

处其实，不居其华。——《老子》

（9）又如：华辞（虚浮巧饰的言辞）；华誉（不实的声誉）；华风（浮华的文风）

（10）汉语［ C h i n e s e ］。如：华言（指中原地区的语言。后泛指汉语）

（11）荣华；光耀［ g l o r y ］。如：华伍（指达官贵人）；华序（显要的官阶）；华使（显贵的官吏）；华秩（显位；高阶）

（12）显耀［ s p l e n d o r ］。如：华近（显贵而亲近君上的官职）；华要（显要尊贵的官职）；华省（显贵而职务上能亲近君主的官署）；华重（显贵而重要的官职）

（13）繁盛［ l u x u r i a n t ］

其街市之繁华，人烟之阜盛，自与别处不同。——《红楼梦》

（14）又如：华滋（草木茂盛的样子）

（15）鲜美［ d e l i c i o u s ］

其民华食而脂肥。——《素问》。王冰注：华谓鲜美，酥酪骨肉之类也。

（16）彩色。特指雕绘或装饰［ c o l o r ］。如：华轩（饰有文采的曲栏）；华衮（古代王公贵族的多采的礼服。常用以表示极高的荣宠）；华纳（有雕饰的台阶。纳，即纳陛）；华幄（帝王所居的华丽的帷帐）

词性变化

◎华 h u á 〈名〉

（1）中国［C h i n a］。如：来华访问；华中；华北

（2）我国古称华夏，今称中华。省称"华"［t h e H a n n a t i o n a l i t y］。如：华夷（华是汉族，夷指非汉族的其他少数名族）；华风（指汉族或中原的风俗）

（3）光辉；光彩［b r i l l i a n t］

日月光华，旦复旦兮。——王勃《卿云歌》

（4）又如：华景（明亮的阳光）；华月（皎洁的月亮）；华焕（光彩绚丽）；华魄（光彩；亦指皎洁的月光）

（5）泉中的矿物由于沉积而形成的物质［s i n t e r］。如：钙华；硅华

（6）借升华而得的化学品［f l o w e r s］。如：硫华；锌华

（7）车盖［c o v e r   o f   a   c a r r i a g e］。如：华芝（车盖。因车盖的外形象芝而得名）

（8）时光［t i m e］。如：年华，岁华，韶华

（9）声望［p r e s t i g e］

客游梁朝，则声华籍甚。——《文选·任彦升·宣德皇后令》

（10）精华［e s s e n c e］

物华天宝。——王勃《滕王阁序》

（11）又如：华甸（精华荟聚之区。常以指京都、中原、中国）；华英（精华）；华髓（精髓）

（12）文才［t a l e n t f o r l i t e r a t u r e］

昔庚无规才华清英。——刘勰《文心雕龙》

（13）瓜类植物的果实［f r u i t］

天子树瓜华，不敛藏之种也。——《礼记》

（14）光环［c o r o n a］

薄云敝日时，由于无数水滴的衍射，在太阳、月亮或其他发光体四周形成的一组或几组小半径的同心彩色光环

（15）矿脉或煤层已发生氧化或分解的露头 ［b l o s
s o m；　b l o o m］

汉英互译

◎华
C h i n a　f l a s h y　g r e y　p r o s p e r
o u s　s p l e n d i d
E n g l i s h

---

f l o w e r y；　i l l u s t r i o u s；　C h i
n e s e

第三十二卦恒雷风恒震上巽下

恒：亨，无咎，利贞，利有攸往。

象曰：恒，久也。刚上而柔下，雷风相与，巽而动，刚柔皆
应，恒。恒亨无咎，利贞；久于其道也，天地之道，恒久而不
已也。利有攸往，终则有始也。日月得天，而能久照，四时变
化，而能久成，圣人久于其道，而天下化成；观其所恒，而天
地万物之情可见矣！

象曰：雷风，恒；君子以立不易方。

初六：浚恒，贞凶，无攸利。象曰：浚恒之凶，始求深也。

九二：悔亡。象曰：九二悔亡，能久中也。

九三：不恒其德，或承之羞，贞吝。象曰：不恒其德，无所容
也。

九四：田无禽。象曰：久非其位，安得禽也。

六五：恒其德，贞，妇人吉，夫子凶。象曰：妇人贞吉，从一
而终也。夫子制义，从妇凶也。

上六：振恒，凶。象曰：振恒在上，大无功也。

陈翼云曰：

花卦为坚木成形也。

二十九、邦卦（同周易乾卦）

邦

字源解说

邦，甲骨文![图](田，即"界"，指边境），表示高大树木标志的地界。造字本义：在封地四周种上了草木以示领地界线。金文![图]将甲骨文的"邦"![图]简化成"丰"![图]，同时加"邑"![图]，强化"领地"主题。篆文![图]承续金文字形。隶书![图]将篆文的"邑"![图]写成"双耳旁"![图]

『说文解字注』

(邦) 国也。周礼注曰。大曰邦、小曰国。析言之也。许云。邦、国也。国、邦也。统言之也。周礼注又云。邦之所居亦曰国。此谓统言则封竟之内曰国曰邑。析言则国野对偶。周礼体国经野是也。古者城？所在曰国、曰邑。而不曰邦。邦之言封也。古邦封通用。书序云。邦康叔。邦诸矦。论语云。在邦域之中。皆封字也。周礼故书。乃分地邦而辨其守地。邦谓土畍。杜子春改邦为域。非也。从邑。丰声。博江切。九部。

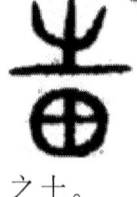

古文。从田。之适也。所谓往卽乃封。古文封字亦从之土。

详细字义

◎ 邦 bāng〈名〉

（1） （形声。从邑，丰声。古文从之、从田，会意。与封字从之、从土同意。本义：古代诸侯的封国、国家）

（2） 同本义 [state]

邦，国也。——《说文》。段注："邦之言封也。古邦封通用。书序云：'邦康叔，邦诸侯。'论语云：'在邦域之中'。皆封字也。"

大宰之职，掌建邦之六典。——《周礼·天官·大宰》

以佐王治邦国。——《周礼·天官·大宰》。注："大曰邦，小曰国，邦之所居亦曰国。"按，散文邦国亦通。

利用为依迁邦。——《易·益》

协和万邦。——《书·尧典》

以畜万邦。——《诗·小雅·节南山》

后非众罔与守邦。——《国语·周语》

（3） 汉避高祖讳，多以国易之

且在邦域之中矣。——《论语·季氏》

而谋动干戈于邦内。

民惟邦本，本固邦宁。——《书·五子之歌》

及公子返晋邦、瘭兵伐 郑，大破之。——《韩非子·喻老》

夫子至于是邦也，必闻其政。——《论语·学而》

（4） 又如：邦畿（古代指直属于天子的地方）；邦家（诸侯的封国和大夫之家）；邦国（诸侯的封国。大的叫邦，小的叫国，后泛指国家）

（5） 泛指国家 [country；nation]

姬汉旧邦，无取杂种。——南朝齐· 丘迟《与陈伯之书》

刑于寡妻，至于兄弟，以御（治）于家邦。——《孟子·梁惠王上》

唯求则非邦也与？——《论语·先进》

（6）　又如：邻邦；盟邦；邦典（国家的法令制度）

（7）　疆界，边界　［ｂｏｕｎｄａｒｙ］。如：邦墓（周代邦域中人民聚族而葬的墓地）

（8）　国都，大城镇　［ｃａｐｉｔａｌ］

逼迫迁旧邦，拥王以自疆。——《悲愤诗》

（9）　泛指地方　［ｐｌａｃｅ］

负海之邦，交趾之土，谓之南裔。——《博物志》

（10）　姓

词性变化

◎　邦　ｂāｎｇ〈动〉

封，分封　［ｃｏｎｆｅｒ］

设五等，邦群后。——柳宗元《封建论》

汉英互译

◎　邦

ｎａｔｉｏｎ　　　ｓｔａｔｅ

Ｅｎｇｌｉｓｈ

ｎａｔｉｏｎ，　ｃｏｕｎｔｒｙ，　ｓｔａｔｅ

第一卦干 干为天干上干下

干：元，亨，利，贞。

初九：潜龙，勿用。九二：见龙再田，利见大人。九三：君子终日干干，夕惕若厉，无咎。九四：或跃在渊，无咎。九五：飞龙在天，利见大人。上九：亢龙有悔。用九：见群龙无首，吉。

象曰：大哉乾元，万物资始，乃统天。云行雨施，品物流形。大明始终，六位时成，时乘六龙以御天。乾道变化，各正性命，保合大和，乃利贞。首出庶物，万国咸宁。

象曰：天行健，君子以自强不息。潜龙勿用，阳在下也。见龙再田，德施普也。终日乾乾，反复道也。或跃在渊，进无咎也。飞龙在天，大人造也。亢龙有悔，盈不可久也。用九，天德不可为首也。

文言曰：「元者，善之长也，亨者，嘉之会也，利者，义之和也，贞者，事之乾也。君子体仁，足以长人；嘉会，足以合礼；利物，足以和义；贞固，足以乾事。君子行此四者，故曰：乾：元亨利贞。」

初九曰：「潜龙勿用。」何谓也？子曰：「龙德而隐者也。不易乎世，不成乎名；遁世而无闷，不见是而无闷；乐则行之，忧则违之；确乎其不可拔，乾龙也。」

九二曰：「见龙在田，利见大人。」何谓也？子曰：「龙德而正中者也。庸言之信，庸行之谨，闲邪存其诚，善世而不伐，德博而化。易曰：「见龙在田，利见大人。」君德也。」

九三曰：「君子终日乾乾，夕惕若，厉无咎。」何谓也？子曰：「君子进德修业，忠信，所以进德也。修辞立其诚，所以居业也。知至至之，可与几也。知终终之，可与存义也。是故，居上位而不骄，在下位而不忧。故乾乾，因其时而惕，虽危而无咎矣。」

九四：「或跃在渊，无咎。」何谓也？子曰：「上下无常，非为邪也。进退无恒，非离群也。君子进德修业，欲及时也，故无咎。」

九五曰：「飞龙在天，利见大人。」何谓也？子曰：「同声相应，同气相求；水流湿，火就燥；云从龙，风从虎。圣人作，而万物覩，本乎天者亲上，本乎地者亲下，则各从其类也。

上九曰：「亢龙有悔。」何谓也？子曰：「贵而无位，高而无民，贤人在下而无辅，是以动而有悔也。」

乾龙勿用，下也。见龙在田，时舍也。终日乾乾，行事也。或跃在渊，自试也。飞龙在天，上治也。亢龙有悔，穷之灾也。乾元用九，天下治也。乾龙勿用，阳气潜藏。见龙在田，天下文明。终日乾乾，与时偕行。或跃在渊，乾道乃革。飞龙在天，乃位乎天德。亢龙有悔，与时偕极。乾元用九，乃见天则。

乾元者，始而亨者也。利贞者，性情也。乾始能以美利利天下，不言所利。大矣哉！大哉乾乎？刚健中正，纯粹精也。六爻发挥，旁通情也。时乘六龙，以御天也。云行雨施，天下平也。

君子以成德为行，日可见之行也。潜之为言也，隐而未见，行而未成，是以君子弗用也。

君子学以聚之，问以辩之，宽以居之，仁以行之。易曰：「见龙在田，利见大人。」君德也。

九三，重刚而不中，上不在天，下不在田。故乾乾，因其时而惕，虽危无咎矣。

九四，重刚而不中，上不在天，下不在田，中不在人，故或之。或之者，疑之也，故无咎。

夫大人者，与天地合其德，与日月合其明，与四时合其序，与鬼神合其吉凶。先天下而天弗违，后天而奉天时。天且弗违，而况于人乎？况于鬼神乎？

亢之为言也，知进而不知退，知存而不知亡，知得而不知丧。其唯圣人乎？知进退存亡，而不失其正者，其为圣人乎？

陈翼云曰：

邦卦，意为受命而进[77]。
云纹铜五柱器，即名为"邦"器也[78]。

---

[77] 《周礼·春官·宗伯》：

以吉礼事邦国之鬼神示：以禋祀祀昊天上帝，以实柴祀日月星辰，以槱燎祀司中、司命、风师、雨师。以血祭祭社稷、五祀、五岳，以狸沈祭山林川泽，以疈辜祭四方百物。以肆献裸享先王，以馈食享先王，以祠春享先王，以礿夏享先王，以尝秋享先王，以烝冬享先王。

[78] 云纹铜五柱器。器上竖五柱，等高，间距亦相同。方座中空，四壁微鼓，委角。长方形扁脊的两侧和方座四壁，均 饰双钩云纹。此种器形，不见于诸家著录，近人多不识之。该文物现藏于安徽省博物馆。

三十、 央卦（同周易无妄卦）

央

甲骨文	金文	篆文	帛书	隶书	楷书	行书	草书	钟鼎文本
夭	夭	夭	央	央	央	央	契	央

字源解说

"央"是"殃"的本字。央，甲骨文夭在剔发刺字的罪犯夭头上加一个上框指事符号凵，表示被处以绞刑。造字本义：在城邑中心地带搭台立架，将剔发罪犯处以绞刑。金文夭将甲骨文的凵写成冂，同时省去罪犯头部的一横指事符号，将夭写成大。篆文央承续金文字形。隶书央严重变形，将篆文的枷形冂写成冂，将篆文的"大"大写成"六"六，至此"央"的人形消失，枷形消失。楷书央恢复"大"形大。当"央"的"施刑"本义消失后，篆文再加"歹"（死）另造"殃"代替。

『说文解字』

【卷五】【冂部】央

中央也。从大在冂之内。大，人也。央同意。一曰久也。于良切

『说文解字注』

(央)央、中也。央逗。复举字之未删者也。月令曰。中央土。诗笺云。夜未渠央。古乐府。调弦未讵央。颜氏家训作未遽央。皆即未渠央也。渠央者、中之谓也。诗言未央、谓未中也。

毛传。央、且也。且者、荐也。凡物荐之则有二。至于艾而为三矣。下文夜未艾。艾者、久也。笺云。芟末曰艾。以言夜先鸡鸣时。合初昏与艾言之。是央为中也。从大在冂之内。大、逗。人也。人在内。正居其中。于良切。十部。央旁同意。央取大之中居。旁取旁外郭。故曰同意。一曰久也。此别一义。

详细字义

◎央 yāng 〈名〉

（1）（会意。小篆字形。从大，在冂（jiǒng）之内。上像物体（冂），一个人（大）站在它的当中。本义：中心）

（2）同本义 [centre]

央，中央也。——《说文》

宛在水中央。——《诗·秦风·蒹葭》

（3）又如：央渎（出水沟）

（4）通"殃"。灾祸 [disaster]

经设三命，君获其央。——汉《严欣碑》

年寿未究，而遭祸央。——汉《故民吴仲山碑》

词性变化

◎央 yāng

〈形〉

（1）远；久 [far]

央，一曰久也。——《说文》

（2）又如：央央（广大的样子）

◎央 yāng 〈动〉

（1）恳求，请求 [entreat]

抚台央出文案老爷来请进去谈谈，这面子有多大！——《老残游记》

（2）又如：央烦（央求烦劳。请人办事的客气话）；央连（烦劳）；央人（求人；请人）；央央（央求）；央倩（邀请）；央中（请某人做中人）；央靠（央求，请托，依靠）；央请（请托）；央属（请托）

汉英互译

◎央

center　　　　end　　　　entreat
English

center, conclude, runout;
beg

《周易》第二十五卦无妄天雷无妄乾上震下

无妄：元，亨，利，贞。其匪正有眚，不利有攸往。

彖曰：无妄，刚自外来，而为主于内。动而健，刚中而应，大亨以正，天之命也。其匪正有眚，不利有攸往。无妄之往，何之矣？天命不佑，行矣哉？

象曰：天下雷行，物与无妄；先王以茂对时，育万物。

初九：无妄，往吉。象曰：无妄之往，得志也。

六二：不耕获，不菑畲，则利有攸往。象曰：不耕获，未富也。

六三：无妄之灾，或系之牛，行人之得，邑人之灾。象曰：行人得牛，邑人灾也。

九四：可贞，无咎。象曰：可贞无咎，固有之也。九五：无妄之疾，勿药有喜。象曰：无妄之药，不可试也。

上九：无妄，行有眚，无攸利。象曰：无妄之行，穷之灾也。

陈翼云曰：

央卦，斩关越隔也[79]。

---

[79] 关隔，阻隔。云横秦岭家何在？雪拥蓝关马不前。唐 韩愈 《应科目时与人书》："其不及水，盖寻常尺寸之间耳，无高山大陵旷途绝险为之关隔也。"

三十一、帝卦（同周易需卦）

≡≡

帝

甲骨文		金文	篆文	隶书	楷书	草书	楷书	现代字体
来	车	束	束	束	帝	帝	帝	帝	帝	帝

字源解说

　　"帝"是"缔"本字。帝，甲骨文 束 是指事字，字形在"木" 木 （树）上端加一横指事符号 一，写成 束，上端的"才" ∇ （房柱房梁）表示以树为柱、以树为梁，即在树杈上构筑巢居；圆圈指事符号 ⊡ 表示系束，即在树杈的框架上大量系束枝条，以构成树上栖居空间遮风挡雨的顶面、四个立面、底面。在没有锋利金属工具的巢居时代，不存在凿孔削榫的建筑技术，古人只能利用竹、藤、绳等柔韧材料来系扎、加固连结物。简体甲骨文字形 束 将树杈形状 ∇ 简化成倒三角形 ▽，将表示系束的圆圈指事符号 ⊡ 简化成横写的"工"状 ⊢⊣。有的甲骨文 束 在顶端再加一横指事符号 一。甲骨文异体字 束 在"木" 木 （树）的上端和底边各加一横指事符号 二，表示利用树木。有的甲骨文异体字 束 在树杈内加一个"口" ▫，表示筑在树杈上的独立空间。造字本义：动词，在树杈上系扎捆绑，缔枝为巢，开创巢居时代。金文 帝 将甲骨文字形 束 中"木"的下端 朩 写成似"巾"非"巾"的 ⼏。篆文 帝 承续金文字形。

隶书 帚 将篆文字形中表示系束的"工" 工 写成"下框" 冂，将篆文字形中似"巾"非"巾"的 巾 写成明确无误的"巾" 巾。巢居的发明，使先民摆脱了选择有限、进退不便的穴居困境，为生存赢得了空前广大的自由空间，使中国的史前文明革命性地跃进一大步；而最早缔枝为巢的部落首领，也由此被先民尊称为"帝"。将"帝"的甲骨文字形 帝 省去表示系束的"工" 工 就成为"不" 不，即树杈未经缔结构造的原始树杈巢居，缺少防护的原始树居要面临风雨侵袭和坠落的危险，甲骨文中"帝"与"不"的造字思路，显示巢居时代的先民对原始树居不安全居住方式的否定态度。当"帝"由动词"缔结"引申为名词"统治者"后，篆文 缔 再加"丝" 丝 （系扎、捆绑）另造"缔"代替，表示在树杈上系扎捆绑，缔结筑巢。古人称发明巢居、为众民带来新生的首领为"帝"；称手持特大战斧的首领为"王"；称文治天下的首领为"君"；称头戴金冠的王者为"皇"。

『说文解字』

【卷一】【丄部】帝

谛也。王天下之号也。从丄朿声。古文帝。古文诸丄字皆从一，篆文皆从二。古文上字。示辰龙童音章皆从古文丄。都计切

『说文解字注』

(帝)谛也。见春秋元命苞、春秋运斗枢。毛诗故训传曰。审谛如帝。王天下之号。从二声。都计切。古音第十六部。

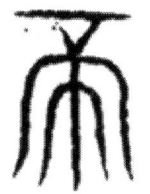 古文帝。古文诸上字皆从一。篆文皆从二。二古文上字。古文从一。小篆从古文上者。古今体异。必云上字者。明非字也。徐锴曰。古文上两画、上短下长。一二之二、则两画齐等。俗本下有言。非也。言从。举可以包言。示辰龙童音？皆从古文上。古文示作。古文礼作。古文辰作。此古文从一、小篆从二之证。然则古文以一为二。六书之假借也。

详细字义

◎帝 dì〈名〉

（1）（象形。甲骨文字形，象花蒂的全角。上面象花的子房，中间象花萼（花瓣外面的绿片）。下面下垂的象雌雄花蕊。本义：花蒂）

（2）天帝，上帝。宗教或神话中称主宰万物的神。最高的天神。古人想象中宇宙万物的主宰 [the supreme Being]

帝，上帝，天之神也。——《字汇》

（3）又

在帝左右。

兆五帝于四郊。——《周礼·大宗伯》

（4）又如：帝乡（传说中天帝居住的仙乡）；帝君（古人对神的尊称）；帝江（传说中的神名。居于"天山"）

（5）君主，皇帝 [monarch; emperor]

帝，王天下之号也。——《说文》

（6）又如：帝王州（帝王居住的地方）；帝世（帝王的世系）；帝储（皇太子）；帝祚（帝位）；帝典（帝王的法制）

（7）天 [sky]。如：帝宫（天宫）；帝青（青天）

（8）帝国主义的简称 [imperialism]。如：反帝反封建斗争

词性变化

◎帝 dì〈动〉

（1）称帝，为帝

陛下承大乱之极，受命而帝，兴明祖宗。——《后汉书》

子孙帝王万世之业也。——汉·贾谊《过秦论》

（2）尊奉为帝 [respectas emperor]

不敢复言帝秦！——《战国策·赵策三》

汉英互译

◎帝

emperor　　　　God

English

Supremeruler，emperor；god

《周易》第五卦需水天需坎上乾下

需：有孚，光亨，贞吉。利涉大川。

彖曰：需，须也；险在前也。刚健而不陷，其义不困穷矣。需有孚，光亨，贞吉。位乎天位，以正中也。利涉大川，往有功也。

象曰：云上于天，需；君子以饮食宴乐。

初九：需于郊。利用恒，无咎。象曰：需于郊，不犯难行也。利用恒，无咎；未失常也。

九二：需于沙。小有言，终吉。象曰：需于沙，衍在中也。虽小有言，以终吉也。

九三：需于泥，致寇至。象曰：需于泥，灾在外也。自我致寇，敬慎不败也。

六四：需于血，出自穴。象曰：需于血，顺以听也。

九五：需于酒食，贞吉。象曰：酒食贞吉，以中正也。

上六：入于穴，有不速之客三人来，敬之终吉。象曰：不速之客来，敬之终吉。虽不当位，未大失也。

三十二、余卦（同周易临卦）

余

甲骨文	金文	篆文	隶书	楷书	行书	草书	简化和宋	有说有图
缺	缺	缺		缺	餘	餘		餘

字源解说

　　本字"余"，甲骨文 表示尖圆屋顶 （才，房柱和横梁），表示单柱尖顶的简易建筑。造字本义：单柱、无壁的尖顶茅屋，一种最简易的建筑，用于存放一般农资、杂物。金文 承续甲骨文 字形。有的金文 在房柱 两侧加支撑物 。篆文 承续金文字形。合并字"余"余，既是声旁也是形旁，表示多出的、闲置的。余，篆文 （食，吃） （余，闲置），表示食物过剩，有所闲置。造字本义：吃不完，食物充足，过剩、闲置。

『说文解字』

【卷二】【八部】余
　　语之舒也。从八，舍省声。二余也。读与余同。以诸切文十二　重一
　　『说文解字注』

　　(余)语之舒也。语、匡谬正俗引作。左氏传。小白余敢贪天子之命。无下拜。此正之舒。

亏部曰。亏、于也。象气之舒亏。然则余亏异字而同音义。释诂云。余、我也。余、身也。孙炎曰。余舒遟之身也。然则余之引伸训为我。诗书用予不用余。左传用余不用予。曲礼下篇。朝诸侯分职授政任功。曰予一人。注云。觐礼曰伯父寔来。余一人嘉之。余予古今字。凡言古今字者、主谓同音、而古用彼今用此异字。若礼经古文用余一人。礼记用予一人。余予本异字异义。非谓予余本即一字也。颜师古匡谬正俗不达斯恉。且又以予上声余平声为分别。又不知古音平上不甚区分。重牲貤缪。仪礼汉读考纠之详矣。从八。象气之分散。舍省声。以诸切。五部。

详细字义

◎余 yú〈动〉

（1）（形声。从食，余声。本义：饱足）

（2）饱足。足食得饱 [have eat none' sfill; befull]

余，饶也。——《说文》

（3）剩下；剩余 [remain; leaveorer]

昔人已乘黄鹤去，此地空余黄鹤楼。——崔颢《黄鹤楼》

◎余 yú〈形〉

（1）剩下的，多余的 [surplus; spare]

行有余力，则以学文。——《论语》

（2）又如：余夫（指一家五口或八口为率以外多余的人口）；余润（利润）；余资（剩余的钱）；余师（很多余地；[空余的地方]的老师）

（3）残留的；遗留的 [remaining]

孤嶂秦碑在，荒城鲁殿余。——唐·杜甫《登兖州城楼》

肯与邻翁相对饮，隔篱呼取尽余（余）杯。——唐·杜甫《客至》

（4）又如：余薪（剩余的菜肴）；余庆（祖先留下的福泽。即因前辈的善行而使子孙得到某些好处）；余水（剩余的水）；余芳（残花；死后遗留的美名）；余杯（杯中残余的酒）；余珍（前代遗留的遗物）

（5）次要的 [second]

唱彻《阳关》泪未乾，功名余事且加餐。——辛弃疾《鹧鸪天》

（6）又如：余光（落日残余的光辉）；余春（晚春，残余的春光）

（7）不尽，无穷 [infinite; endless]

一弹再三唱，慷慨有余哀。——《古诗十九首》

（8）又如：余哀（不尽的哀思）；余思（不尽的怀思）；余音袅袅（歌声的余音回荡缭绕）；余霞成绮（用以称赞文章时含有无穷的意味）

（9）其余，其他，以外 [other]

大儿孔文举，小儿杨德祖，余（余）子碌碌，莫足数也。——《后汉书·祢衡传》

得十九人，余无可取者，无以满二十人。——《史记·平原君虞卿列传》

（10）又如：余子（其他的人）；余事（另外的事，其他的事）；余业（副业）；余论（指本论以外的议论）

（11）多，表示整数后不定的零数 [odd; over; morethan]

一车炭重千余斤。——白居易《卖炭翁》

有竹一顷余（余），乔木上参天。——唐·杜甫《杜鹃》

（12）又如：六百余米；五十余岁

◎余 yú〈名〉

（1）闲暇 [leisurely]

无为也，则用天下而有余。——《庄子·天道》

（2）又如：余功（余暇，空闲）；余闲（余暇）

◎余 yú代

（1）第一人称代词，我或我的 [I，my，me]

余敢贪天子之命，，无下拜？——《左传·僖公九年》

余弟宗玄。——唐·柳宗元《至小丘西小石潭记》

余于仆碑。——宋·王安石《游褒禅山记》

此地适与余近。——明·袁宏道《满井游记》

（2）又

余之游将自此始。

余巫叹其技。——清·薛福成《观巴黎油画记》

（3）又

余闻法人好胜。

余既为此志。——明·归有光《项脊轩志》

（4）又如：余一人（古代天子自称。也写作"予一人"）；余小子（古代天子居丧时的自称。也写作"予小子"）

汉英互译

◎余

beyond　　　　I

English

I，my，me；surname；surplus

《周易》第十九卦临地泽临坤上兑下

临：元，亨，利，贞。至于八月有凶。

象曰：临，刚浸而长。说而顺，刚中而应，大亨以正，天之道也。至于八月有凶，消不久也。

象曰：泽上有地，临；君子以教思无穷，容保民无疆。

初九：咸临，贞吉。象曰：咸临贞吉，志行正也。

九二：咸临，吉无不利。象曰：咸临，吉无不利；未顺命也。

六三：甘临，无攸利。既忧之，无咎。象曰：甘临，位不当也。既忧之，咎不长也。

六四：至临，无咎。象曰：至临无咎，位当也。

六五：知临，大君之宜，吉。象曰：大君之宜，行中之谓也。

上六：敦临，吉无咎。象曰：敦临之吉，志在内也。

三十三、令卦（同周易否卦）

令

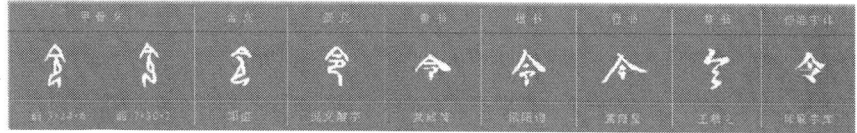

字源解说

"令"是"命"的本字。令，甲骨文 = A（朝下的"口"）+ （人，等候指示的下级），表示上级指示下级。造字本义：上级向下级授命，作出权威性指示。金文 承续甲骨文字形。篆文 将金文的"人" 写成 。隶书 将篆文的"人" 简化成 。楷书 将隶书的"口" 写成"人" 加一点 的 。至此"令"的"口"形和"人"形消失。当"令"成为常规名词后，金文再加"口"另造"命"代替其动词功能。

『说文解字』

【卷九】【卩部】令

发号也。从亼卩。力正切〖注〗徐锴曰："号令者，集而为之。卩，制也。"

『说文解字注』

(令)发号也。号部曰。号者、嘑也。口部曰。嘑者、号也。发号者、发其号嘑以使人也。是曰令。人部曰。使者。令也。义相转注。引伸为律令、为时令。诗笺曰。令、善也。按诗多言令。毛无传。古文尚书言灵。见殷庚、多士、多方。殷庚正义引释诂。灵、善也。盖今本尔雅作令、非古也。凡令训善者、灵之假借字也。从亼卩。号嘑者招集之卩也。故从亼卩会意。力正切。古音在十二部。
详细字义

◎令 líng
〈动〉
（1）听从。后作"聆"［obey］
故古之圣王，审顺其天而以行欲，则民无不令矣。——《吕氏春秋》
（2）名词。通"鸰"［wagtail］
脊令在源，兄弟急难。——《诗·小雅·常棣》。按：脊令即鹡鸰
（3）假设语气词［if］
令，设辞也。——《助字辨略》
令他马，固不败伤我乎！——《史记·张释之冯唐传》
令五人保其首领。——明·张溥《五人墓碑记》
（4）另见lǐng；lìng
常用词组
令狐
基本词义

◎令 lǐng
〈量〉
（1）纸的数量单位，原张的纸500张为一令
（2）另见líng；lìng
基本词义

◎令 lìng
〈动〉
（1）（会意。甲骨文字形，上面是集聚的"集"；下面是"人"，象跪在那里听命。从集从人，表示集聚众人，发布命令。本义：发布命令）
（2）同本义（上对下有所指示）
令，发号也。——《说文》

倒之颠之，自公令之。——《诗·齐风·东方未明》

既不能令，又不受命。——《孟子·离娄上》

其身正，不令而行。——《论语·子路》

乃下令。——《战国策·齐策》

（3）又

令初下。

令所过毋供张。——清·张廷玉《明史》

（4）又如：令书（天子所下的书面命令）；令官（行酒令的指挥官）；令君（县令）；令人（宋代命妇的封号。太中大夫以上官员之妻封令人；又指衙役，差役）；令牌（发令的木牌）；令众（号令示众）；喝令（大声命令）

（5）通"命"。命名

昔黄帝以其缓急作五声，以政五钟。令其五钟：一曰青钟大音，二曰…——《管子》

（6）使，让［ｃａｕｓｅ；ｍａｋｅ］

又间令吴广之次所旁丛祠中，夜篝火。——《史记》

令贼知也。——明·魏禧《大铁椎传》

火烧令坚。——宋·沈括《梦溪笔谈·活板》

令人目不忍睹。——清·薛福成《观巴黎油画记》

（7）又

令人丧气若此。

（8）又如：令人深思；令人恶心；令人神往

词性变化

◎令ｌìｎｇ

〈名〉

（1）命令；法令

臣下罔攸禀令。——《书·说命上》

犯令陵政则杜之。——《周礼·夏官·大司马》

令初下，群臣进谏，门庭若市。——《战国策·齐策》

王使屈平为令，众莫不知。每一令出，平伐其功。——《史记·屈原列传》

（2）又如：政令；将令（军令）；传令（传达命令）；功令（旧时指法令）

（3）时令，季节［ｓｅａｓｏｎ］

群葩当令时。——明·李渔《闲情偶寄·种植部》

（4）又如：令序（时令次序）

（5）逮捕状，没收状［ｗａｒｒａｎｔ］。如：搜查令；扣押令

（6）用于强行一种权力者［ｗｒｉｔ］。如：进入令；归还土地与所有权人令

（7）酒令，饮酒时做的可分输赢的游戏

今日也行一个令才有意思。——《红楼梦》

（8）又如：令章（酒令）；令官（行酒令的指挥官）；令酒（行酒令的人；最初必自先饮一杯，称令酒）

（9）词调、曲调名，即"小令"，又称"令曲"，一般字少调短，如词中的《十六字令》，元曲中的《叨叨令》之类［ｓｏｎｇ－ｐｏｅｍ］

词之难于令曲，如诗之难于绝句，不过十数句，一句一字闲不得。——张炎《词源·令曲》

（10）官名

卜皮为县令。——《韩非子·内储说上》

（11）中国古代政府某部门或机构的长官。如：尚书令；大司农令；郎中令；令史（本为掌文书的官员，宋时已降为一般的办事人员）

（12）县一级的行政长官

魏文侯时，西门豹为邺令。——褚少孙《西门豹治邺》

海令为母寿。——清·张廷玉《明史》

刺史守令。——清·周容《芋老人传》

守令皆不在。——《史记·陈涉世家》

华阴令欲媚上官。——《聊斋志异·促织》

（13）又如：县令；令尹（官名。春秋时楚国最高的军政长官；明清时称知县为令尹）；令长（汉官名。即县令、县长）

（14）名声

饰小语以乾县（悬）令。——《庄子》

（15）通"鸰"。鹡鸰。鸟名，大如鹦雀

脊令在原，兄弟急难。——《诗·小雅·常棣》

◎令 lìng 〈形〉

（1）美善［ｇｏｏｄ］

巧言令色。——《论语·学而》。集解："令色，善其颜色。"

何忧令名不彰。（令名不彰，好的名声不会显扬。）——《世说新语·自新》

年始十八九，便言多令才。——《玉台新咏·古诗为焦仲卿妻作》

（2）又如：令色（和悦的面容；善于用谄媚和悦的颜色取悦人）；令辰（美好的时辰）；令居（吉善的住处）；令音（美言，佳音）；令政（善政，德政）；令望（好的名望）

（3）吉祥，吉利［ｌｕｃｋｙ］。如：令日（吉祥的日子）；令月（吉祥的月份）；令旦（吉日）；令年（吉祥的年份）；令辰（吉日；吉利的时辰）

（4）你的——尊称他人的亲属［ｙｏｕｒ］

岂合令郎君。——《玉台新咏·古诗为焦仲卿妻作》

（5）又

有此令郎君。

（6）又如：令阃（称对方妻子的敬辞）；令嗣（令郎。称对方儿子的敬辞）；令子（对别人儿子的美称）；令母（尊称他人的母亲）；令似（尊称他人的儿子）；令妹（称自己的妹妹。后用作敬称对方的妹妹）

◎令 lìng 〈连〉

（1）假使，假设［ｉｆ］

藉第令毋斩，戍死者固十六七矣。——《史记·陈涉世家》

（2）另见 lǐng；líng

汉英互译

◎令

ｏｒｄｅｒ　ｃｏｍｍａｎｄ　ｃａｕｓｅ
Ｅｎｇｌｉｓｈ

command, order;

《周易》第十二卦否地天否乾上坤下

否：否之匪人，不利君子贞，大往小来。

彖曰：否之匪人，不利君子贞。大往小来，则是天地不交，而万物不通也；上下不交，而天下无邦也。内阴而外阳，内柔而外刚，内小人而外君子。小人道长，君子道消也。

象曰：天地不交，否；君子以俭德辟难，不可荣以禄。

初六：拔茅茹，以其彙，贞吉亨。象曰：拔茅贞吉，志在君也。

六二：包承。小人吉，大人否亨。象曰：大人否亨，不乱群也。

六三：包羞。象曰：包羞，位不当也。

九四：有命无咎，畴离祉。象曰：有命无咎，志行也。

九五：休否，大人吉。其亡其亡，系于苞桑。象曰：大人之吉，位正当也。

上九：倾否，先否后喜。象曰：否终则倾，何可长也。

陈翼云曰：

令卦意为集众也。

乾为首，坤为众。以上令下，为吉。以下犯上，则为逆[80]，为贼[81]。

占卦得震兑卦，下克上，则为贼逆。

---

[80] 逆,迎也。关东曰逆,关西曰迎。——《说文》

[81] 本义:残害;伤害。 刑杀不正谓之贼。——《烈女传·辩通》

又如:贼毫(书法的败笔。指笔锋之劣);贼伦(毁弃伦常,败坏道德);贼仁(毁弃仁爱);贼蚀(受到的歪曲损害);贼义(毁弃道义);贼害(残害、伤害);贼蠹(危害);贼殃(祸害)

三十四、目卦（同周易大壮卦）

目

字源解说

目，甲骨文 、 金文 像人的眼睛。籀文 （面，脸） （眉毛） （眼睛），表示眼睛在脸上的位置，是在眉毛之下。造字本义：人的眼睛。篆文 将金文字形横写的"美目" 写成"竖目"。"目"的甲骨文 竖写则为"臣" ，表示俯首下视，屈服听命。

『说文解字』

【卷四】【目部】目

人眼。象形。重童子也。凡目之属皆从目。古文目。莫六切

『说文解字注』

(目)人眼也。象形。重、童子也。象形、總言之。嫌人不解二。故释之曰。重其童子也。释名曰。瞳、重也。肤幕相裹重也。子、小称也。主谓其精明者也。或曰眸子。眸、冒也。相裹冒也。按人目由白而卢、童而子。层层包里。故重画以象之。非如项羽本纪所云重瞳子也。目之引伸为指目、条目之目。莫六切。三部。凡目之属皆从目。

古文目。口象面。中象眉目。江沅曰。外象匡。内象目。

详细字义

◎目 mù〈名〉

（1）（象形。甲骨文和小篆字形。象眼睛形，外边轮廓象眼眶，里面象瞳孔。小篆处理为线条。先秦时期多用"目"，两汉以后，用眼逐渐多起来。"目"具有书面语色彩。本义：眼睛）

（2）同本义 [eye]

目，人眼，象形。——《说文》

目者，气之清明者也。——《礼记·郊特牲。》

睊其目，皤其腹。——《左传·宣公二年》

（3）又如：目不斜视（眼睛不向旁边看，形容为人正派）；目见耳闻（亲眼看见，亲耳听到）；目治手营（亲眼观察，亲手试验）；目空一世（什么都不放在眼里。形容骄傲自大）；目眩神摇（眼花缭乱，心神摇荡）；目无下尘（眼睛不朝下看。形容态度高傲。下尘，下风，喻指比自己低下的人）；目耗（眼睛昏花）；目指（用眼睛示意指点）；目眦（眼眶）；目珠（眼球）；目睛（眼珠）；目精（眼珠；眼睛）

（4）目光；眼力 [eye－sight]

四海注目。——《晋书·孙惠传》

（5）又如：目捷（目光敏捷）；目击道存（眼光一接触便知"道"之所在。形容悟性好）；目色（视力）；目使颔令（用眼色和下颔示意以役使别人。形容态度骄横）；目注（目光注视）；目波（水波似的目光、谓目光流盼如水波）；目逆（以目光相迎）；目极（用尽目力远望）

（6）孔眼 [mesh]

举一纲而万目张。——郑玄《诗谱序》

（7）又如：纲举目张；一个60目的筛

（8）条目；要目 [item]。如：目次（书刊上的目录。表示内容的篇目次序）

（9）目录［catalogue］。如：参考书目；故事节目

（10）首领；头目［chieftan］

夷目嘉符。——《广东军务记》

（11）又如：目把（指西南少数民族中的小首领）

（12）分类学上位于科之上、纲之下的类别［order］。如：松柏目

（13）名目，数目；行列

不在使者之目。——宋·文天祥《＜指南录＞后序》

词性变化

◎目mù〈动〉

（1）观看，注视［look; regard］

指目陈胜。——《史记·陈涉世家》

指目牵引。——唐·柳宗元《柳河东集》

（2）又如：目过（过目；细看）；目下十行（形容看书速度极快）；目及（看到）；目染（因经常看见而受到影响）；目笑（目视而窃笑）；

（3）递眼色，使眼

酒阑，吕布因目留高祖。——《史记·高祖本纪》

数目项王。——《史记·项羽本纪》

（4）又如：目交心通（以眼色传情，心中相互沟通）；目挑眉语（以眉目挑逗传情）；目指气使（用眼神和气色示意，以支使别人。形容态度骄横）

（5）看待

不敢以说书目敬亭。——清·黄宗羲《柳敬亭传》

汉英互译

◎目

eye   item   order

English

eye; look, see; ivision

《周易》第三十四卦大壮雷天大壮震上乾下

大壮：利贞。彖曰：大壮，大者壮也。刚以动，故壮。大壮利贞；大者正也。正大而天地之情可见矣！

象曰：雷在天上，大壮；君子以非礼勿履。

初九：壮于趾，征凶，有孚。象曰：壮于趾，其孚穷也。

九二：贞吉。象曰：九二贞吉，以中也。

九三：小人用壮，君子用罔，贞厉。羝羊触藩，羸其角。象曰：小人用壮，君子罔也。

九四：贞吉悔亡，藩决不羸，壮于大舆之輹。象曰：藩决不羸，尚往也。

六五：丧羊于易，无悔。象曰：丧羊于易，位不当也。

上六：羝羊触藩，不能退，不能遂，无攸利，艰则吉。象曰：不能退，不能遂，不祥也。艰则吉，咎不长也。

陈翼云曰：

目卦意为天上之雷霆，顺也。

如天目山，苏轼《唐道人言天目山上俯视雷雨》诗：

唐道人[82]言天目山上俯视雷雨，每大雷电，但闻云中如婴儿声，殊不闻雷震也。

已外浮名更外身，区区雷电若为神？

山头只作婴儿看，无限人间失箸人。[83]

---

[82] 唐道人：字子霞，曾作《天目山真境录》。天目山：在今浙江省西北部。查慎行注引《咸淳临安志》："天目山有雷神宅，在西尖峰半山间。"

[83] 失箸：据王文诰注引《三国志·蜀志》和《华阳国志》，曹操曾与刘备论天下英雄，"曹操从容谓先主（按指刘备）曰：'今天下英雄，惟使君与孤耳，本初（指袁绍）之徒，不足数也。'先主方食，失匕箸。""于时正当雷震，备因谓操曰：'圣人云：迅雷风烈必变。良有以也。'"箸：筷子。这两句的意思是：在天目山上看雷电，其声若婴儿啼哭，而山下之人闻之，却是非常的响。

三十五、宗卦（同周易屯卦）

宗

字源解说

宗，甲骨文 ⌂ = ⌒ （宀，屋宇）＋ T （示，祭拜祝祷），造字本义：献祭崇拜祖先的祖庙。有的甲骨文 ⌂ 将字形 ⌂ 中的 一 （一，表示天）写成 ＝ （二，即"上"），强调向上苍祭拜。有的甲骨文 在"示" T 上加 （兮，模模糊糊地发音），强调祭祀时语音模糊的念祷吟诵。金文 、篆文 承续甲骨文字形。

『说文解字』

【卷七】【宀部】宗

尊祖庙也。从宀从示。作冬切

『说文解字注』

(宗)尊祖庙也。宗尊双声。按当云尊也、祖庙也。今本夺上也字。大雅。公尸来燕来宗。传曰。宗、尊也。凡尊者谓之宗。尊之则曰宗之。大雅。君之宗之。笺云。宗、尊也。礼记。别子为祖。继别为宗。继祢者为小宗。凡言大宗小宗皆谓同所出之兄弟所尊也。尊莫尊于祖庙。故谓之宗庙。宗从宀从示。示谓神也。宀谓屋也。从宀示。会意。作冬切。九部。按唐韵当在一东。

详细字义

◎宗 zōng 〈名〉

（1）（会意。从宀示。示，神祇，宀，房屋。在室内对祖先进行祭祀。本义：宗庙，祖庙）

（2）同本义

宗，尊祖庙也。——《说文》

汝作秩宗。——《虞书》。传："主郊庙之官。"

凡师甸用牲于社宗。——《周礼·肆师》

承我宗事。——《仪礼·士昏礼》

（3）又如：宗守（宗庙所在）；宗邑（宗庙所在的城邑）；宗稷（宗庙社稷）；宗仪（有关宗庙的典章礼仪）；宗彝（宗庙祭祀所用的酒器）；宗器（宗庙祭器）

（4）祖先（常指祖父辈以上的）[ancestor]

若不获命，而使嗣宗职。——《左传·成公三年》。注："嗣其祖宗之职位。"

故先祖基之，子孙成之。——《盐铁论·结和》

（5）又如：列祖列宗；宗公（先公）；宗祀（对祖宗的祭祀）；宗绪（祖先的绪业）；宗职（祖宗世袭的职位）；宗灵（祖宗灵位）

（6）宗族；同族[clan]

其宗灭于绛。——《国语·晋语》

衰宗多弟侄，若个赏池台？——王绩《在京思故园见乡人问》

（7）又如：宗英（宗族中杰出的人才）；宗缘（宗族因缘）；宗党（宗族党羽）；宗女（同宗的女儿）；宗支（同宗族的、支派）；宗氏（同族，宗族）；宗表（同族远房兄弟互称宗表）

（8）宗派；派别[faction; sect]

一钵事南宗，僧仪称病客。——许浑《冬日宣城开元寺赠元孚上人诗》

（9）又如：宗门（佛教名宗的通称）；禅宗；正宗；宗风（指佛教各宗系特有的风格、传统，多用于禅宗）

（10）宗子，即嫡长子

以妾代妻，以孽代宗。——《诗·小雅》

（11）又如：宗潢（皇族的子孙）；宗主（宗子。一姓的继承人）

（12）即品系［strain］。一个种中具有明显不同的形态和生理特性的变种，如异宗配合的霉菌有两个宗：（十）宗和（一）宗，前者以其较强壮的生长势而区别于相应的后者

（13）被传达、表示或暗示的意思；主旨

以天为法，以德为行，以道为宗。——《吕氏春秋》

（14）生物的种内分类单位［race］。如：地理宗；生态宗

（15）尊祭之神

自从献宝朝河宗，无复射蛟江水中。——杜甫《韦讽录事宅观曹将军画马图》

（16）帝王的庙号。从汉代起，始帝称为太祖、高祖或世祖，以后的嗣君称为太宗、世宗等

盖闻古者祖有功而宗有德。——《史记·孝文帝本纪》

天下有王，分地建国设祖宗。——《孔子家语·庙制解》

（17）诸侯夏天朝见天子之礼

春见曰朝，夏见曰宗。——《周礼》

（18）姓。如：宗泽

词性变化

◎宗 zōng 〈动〉

（1）尊崇［honour］

食之饮之，君之宗之。——《诗·大雅·公刘》

诸葛大名垂宇宙，宗臣遗像肃清高。——杜甫《咏怀古迹》

（2）尊敬［respect］

宗尔父母之言。——《仪礼·士昏礼》

（3）又如：宗附（宗仰依附）；宗臣（国人敬重之臣）；宗奉（宗仰敬奉）；宗长（尊崇长者）；宗敬（尊敬）

（4）取法［follow］

室家遂宗。——《楚辞·招魂》

词曲一道，但有前书堪读，并无成法可宗。——李渔《闲情偶寄》

（5）又如：宗尚（推崇；效法）

（6）归往 [g o t o w a r d]

江汉朝宗于海。——《书·禹贡》

（7）又如：宗归（宗尚，归依）

（8）归向 [y i e l d t o]

武王已平殷乱，天下宗周。——《史记》

◎宗 z ō n g 〈量〉

——用于事情等。如：一宗心事

汉英互译

◎宗

a n c e s t o r   c l a n   m o d e l

E n g l i s h

---

l i n e a g e ,   a n c e s t r y ;

《周易》第三卦屯水雷屯坎上震下

屯：元，亨，利，贞，勿用，有攸往，利建侯。

彖曰：屯，刚柔始交而难生，动乎险中，大亨贞。雷雨之动满盈，天造草昧，宜建侯而不宁。

象曰：云，雷，屯；君子以经纶。

初九：盘桓；利居贞，利建侯。象曰：虽盘桓，志行正也。以贵下贱，大得民也。

六二：屯如(辶颤)如，乘马班如。匪寇婚媾，女子贞不字，十年乃字。象曰：六二之难，乘刚也。十年乃字，反常也。

六三：既鹿无虞，惟入于林中，君子几不如舍，往吝。象曰：既鹿无虞，以纵禽也。君子舍之，往吝穷也。

六四：乘马班如，求婚媾，无不利。象曰：求而往，明也。

九五：屯其膏，小贞吉，大贞凶。象曰：屯其膏，施未光也。

上六：乘马班如，泣血涟如。象曰：泣血涟如，何可长也。

三十六、垱卦（音恰，同周易小畜卦）

垱

《康熙字典》

【丑集中】【土部】垱·康熙笔画：6 ·部外笔画：3

《篇海类编》苦洽切，音恰。地名。

基本字义

●垱

qià ㄑㄧㄚˋ

◎古地名。

第九卦小畜风天小畜巽上乾下

小畜：亨。密云不雨，自我西郊。

彖曰：小畜；柔得位，而上下应之，曰小畜。健而巽，刚中而志行，乃亨。密云不雨，尚往也。自我西郊，施未行也。

象曰：风行天上，小畜；君子以懿文德。

初九：复自道，何其咎，吉。象曰：复自道，其义吉也。

九二：牵复，吉。象曰：牵复在中，亦不自失也。

九三：舆说辐，夫妻反目。象曰：夫妻反目，不能正室也。

六四：有孚，血去惕出，无咎。象曰：有孚惕出，上合志也。

九五：有孚挛如，富以其邻。象曰：有孚挛如，不独富也。

上九：既雨既处，尚德载，妇贞厉。月几望，君子征凶。象曰：既雨既处，德积载也。君子征凶，有所疑也。

陈翼云曰：

垱卦，山之高也。

三十七、用卦（同周易复卦）

用

甲骨文	金文	籀文	篆文	楷书	行书	草书	印楷隶草
屮	屮	屮	用	用	用	用	用	用

字源解说

用是"甬"的本字，而"甬"是"桶"的本字。用，甲骨文屮像木块箍扎成的木桶凵，中间的一竖ㅏ表示桶壁上的提手。造字本义：木块箍扎成的木桶。金文屮基本承续甲骨文字形。有的金文屮突出提手ㅏ形状。篆文用承续金文字形屮。隶书用承续篆文字形。有的隶书用有所变形，"提手"形象消失。当"用"的"木桶"本义消失后，篆文再加表示提手的倒"厶"另造"甬"代替；当"甬"的"木桶"本义消失后，又加"木"另造"桶"代替。

『说文解字』

【卷三】【用部】用

可施行也。从卜从中。卫宏说。凡用之属皆从用。古文用。余讼切〖注〗臣铉等曰：卜中乃可用也。

『说文解字注』

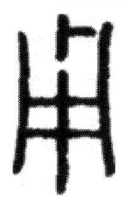

(用)可施行也。从卜中。卫宏说。卜中则可施行。故取以会意。余讼切。九部。凡用之属皆从用。

详细字义

◎用 yòng〈动〉

（1）（象形。甲骨文字形，象桶形。桶可用，故引申为用。本义：使用，采用）

（2）同本义 [use；employ]

用，可施行也。——《说文》

用，以也。——《苍颉篇》

乘其财用出入。——《周礼·宰夫》

乃会万民之卒伍而用之。——《周礼·小司徒》

保甲之法，起于三代丘甲。管仲用之齐，子产用之郑，商君用之秦，仲长统言之汉，而非今日之立异也。——宋·王安石《上五事札子》

皆不足用。——明·魏禧《大铁椎传》

用水彩。——蔡元培《图画》

又用篆章。——明·魏学洢《核舟记》

（3）又如：用不着（没办法）；备用（准备着供随时使用）；实用（实际使用）；拆用（拆开使用）；用功（使用功力）；用长（使用长武器）；用板（使用诏书）；用计（使用计谋）；用天因地（利用天时，顺应地利）；用钱（使用钱币）；用药（使用药物）

（4）任用（委派人员担任职务）[appoint]

用于昔日。——诸葛亮《出师表》

贤能为之用。——《三国志·诸葛亮传》

（5）又如：大材小用（用人不当）；重用（把某人放在重要的岗位上）；叙用（任用）；起用（重新起用已退职或已免职的人员）；用才（任用人才）；用臣（可任用之臣）；用行舍藏（被任用就行其道，不被任用就退隐）；用贤（任用贤人）

（6）运用（根据事物的特性加以利用）[apply]

用间有五：有因间、有内间、有反间、有死间、有生间。——《孙子·用间》

（7）又如：用间（运用间谍）；用计铺谋（安排计谋；出谋划策）；用长（运用其所长）；用奇（指军事上运用出人意料的策略）；用思（运用心思）；用智（运用智谋）

（8）治理；管理 [ａｄｍｉｎｉｓｔｅｒ]

仁人之用国，将修志意，正身行。——《荀子》

（9）又如：用民（治理和役使民众）

（10）出力；效命

国有事，则学民恶法，商民善化，技艺之民不用，故其国易破也。——《商君书》

（11）又如：用精（专心一意）

（12）需要 [ｎｅｅｄ]

生不用封万户侯，但愿一识韩荆州。——李白《与韩荆州书》

（13）又如：不用

（14）吃；饮 [ｅａｔ；　ｄｒｉｎｋ]。如：用茶（饮茶，喝茶）；用膳（吃饭）；用餐（吃饭）；用烟（吸烟，抽烟）

（15）执政；当权 [ｂｅｉｎｐｏｗｅｒ]

孔子用于楚，则陈蔡用事大夫危矣。——《史记》

（16）行事；行动 [ａｃｔ]

经称鹏之用，其将飞也必待海之运，其飞也必以怒。——明·徐渭《赠张君序》

词性变化

◎用 ｙòｎｇ〈名〉

（1）功用；功能 [ｆｕｎｃｔｉｏｎ]

小礼无所用。——《史记·魏公子列传》

彼虽善事，其用不足称也。——唐·韩愈《原毁》

其用不足称。——唐·韩愈《原毁》

灵用不同。——唐·李朝威《柳毅传》

其用有二。——[英]赫胥黎着、严复译《天演论》

（2）又如：用头（用途）

（3）器用；物质 [ｍａｔｅｒｉａｌ]

地方数千里，兵精足用，英雄乐业，当横行天下。——《资治通鉴》

（4）又如：用器（器物；使用器物）

（5）费用，资财［ｃｏｓｔ；　ｅｘｐｅｎｓｅｓ］

给其食用。——《战国策·齐策四》

多求妄用。——宋·司马光《训俭示康》

兵精足用。——《资治通鉴》

裹物之用。——明·李渔《闲情偶寄·种植部》

家常之用。

◎用ｙòｎｇ

〈介〉

（1）因；由［ｗｉｔｈ；　ｏｎ］

觉见卧闻，俱用精神。——《论衡》

（2）又如：用逸待劳（以逸待劳）；用情（以真实的感情相待）

（3）凭，拿［ｒｅｌｙｏｎ］

何用识夫婿。——《乐府诗集·陌上桑》

高蝉正用一枝鸣。——宋·洪迈《容斋续笔》

（4）因，因为［ｂｅｃａｕｓｅｏｆ；　ｆｏｒ］

必用此为务。——《史记·货殖列传》

用甲第为国相。——清·周容《芋老人传》

用此。——清·方苞《狱中杂记》

◎用ｙòｎｇ

<连>

（1）表示结果，相当于"因而"、"于是"［ｈｅｎｃｅ；　ｔｈｅ　ｒｅｆｏｒｅ；　ｔｈｕｓ］

明淫于家，用殄厥也。——《书·益稷》

（2）又如：用是（因此）

（3）表示目的，相当于"为了"、"为的是"［ｆｏｒ］

朕及笃敬，恭承民命，用永地于新邑。——《书·盘庚下》

汉英互译

◎用

Use Using by with dispend English

use, employ, apply, operate; use

《周易》第二十四卦复地雷复坤上震下

复：亨。出入无疾，朋来无咎。反复其道，七日来复，利有攸往。

象曰：复亨；刚反，动而以顺行，是以出入无疾，朋来无咎。反复其道，七日来复，天行也。利有攸往，刚长也。复其见天地之心乎？

象曰：雷在地中，复；先王以至日闭关，商旅不行，后不省方。

初九：不复远，无只悔，元吉。象曰：不远之复，以修身也。

六二：休复，吉。象曰：休复之吉，以下仁也。

六三：频复，厉无咎。象曰：频复之厉，义无咎也。

六四：中行独复。象曰：中行独复，以从道也。

六五：敦复，无悔。象曰：敦复无悔，中以自考也。

上六：迷复，凶，有灾眚。用行师，终有大败，以其国君，凶；至于十年，不克征。象曰：迷复之凶，反君道也。

陈翼云曰：

用卦，不胜其负载也，现代人则谓之"能者多劳[84]"，多能者则苦不堪言，庸者则"少劳不劳"，亦为流弊也。

---

[84] 《庄子·列御寇》："巧者劳而知（智）者忧，无能者无所求，饱食而敖游。"

三十八、巨卦（同周易夬卦）

巨

甲骨文	金文		篆文			隶书	楷书	行书	草书	印刷字体
缺	𫟁	𫟁	𤤿	巪	巨	𣏊	巨	巨	巨	𧾷	巨
甲骨	三体	伯矩鼎	文保鼎	籀文	说文解字	说文解字	传抄古文	晋王羲	欧阳	毛晋体	邻刻字体

字源解说

巨，金文𫟁 𢦚（工，器具）𫟁（又，用手抓）𫟁（大，人，工匠），表示工匠手持器具。有的金文𫟁误将手握工尺的形象巪写成"巨"巨，将"又"𫟁（抓）写成了⊐，误将"大"𫟁（人，工匠）写成"夫"𫟁。有的金文𤤿则将⊐写成圆圈○，表示"工"𢦚是可以抓握、旋转的器具。籀文𤤿将金文字形中的的⊐写成𫟁，强调旋转的特征。篆文异体字𣏊加"矢"𫟁（箭头），强调"巨"的方向性；加"木"𫟁，强调"巨"的制作材料。造字本义：名词，工匠用来画直线直角的大工尺。

附文言版《说文解字》：规巨也。从工，象手持之。榘，巨或从木、矢。矢者，其中正也。𤤿，古文巨。

附白话版《说文解字》：巨，常与规并用的矩。字形采用"工"作边旁，⊐像手持矩的样子。榘，这是"巨"的异体字，字形采用"巨、木、矢"会义；矢，表示中正。𤤿，这是古文写法的"巨"字。

『说文解字注』

(巨)规巨也。周髀筭经曰。圜出于方。方出于矩。矩出于九九八十一。故折矩以为句广三。股修四。径隅五。旣方其外。半之一矩。环而共盘。得成三四五。矩共长二十有五。是谓积矩。用矩之道。平矩以正绳。偃矩以望高。覆矩以测深。卧矩以知远。环矩以为圆。合矩以为方。方属地。圆属天。天圆地方。方数为典。以方出圆。按规矩二字犹言法度。古不分别。规圜矩方者、圜出于方。圜方皆出于矩也。夫部曰。规、有法度也。不言圜曰规。考工记。斩毂之道必矩其阴阳。注。矩谓刻识之也。凡识其广长曰矩。故凡有所刻识皆谓之矩。从工。象手持之。谓 也。其吕切。五部。按后人分别巨、大也。矩、法也、常也。与说文字异。其吕切、唐韵也。广韵作矩、榘。入九麌。俱雨切。又云。说文又其吕切。此出说文音隐。

(榘)巨或从木矢。矢者其中正也。矢部曰。有所长短。以矢为正。按今字作矩省木。

古文巨。此为象手持之。小篆变之。取整齐耳。大学。絜矩之道。注云。矩或作巨。此古文之遗也。

详细字义

◎巨 j ù〈名〉

（1）（象形。金文字形，是"矩"的本字，象人持矩形。本义：画直角方形用的工具）

（2）同本义。后作"矩"

巨，规巨也。——《说文》

是以君子有挈巨之道也。——《礼记·大学》

成功之术，必有巨蒦。——《管子·宙合》

（3）又如：巨蒦（法度。同"矩蒦"）

（4）通"距"。距离 [distance]

守为台城，以临羊黔，左右出巨，各二十尺。——《墨子》

（5）姓

词性变化

◎巨 jù

〔形〕

（1）大；很大

巨，大也。——《小尔雅》

力士举巨囊。——《公羊传·哀公六年》

右巨指钩弦。——《仪礼·大射仪》

穹崖巨谷。——宋·沈括《梦溪笔谈》

巨石岿然。

巨幅悬之。——清·薛福成《观巴黎油画记》

巨弹堕地。

劝输巨室。——清·邵长蘅《青门剩稿》

（2）又如：巨响（极大的响声）；巨指（大指）；巨港（大港）；巨室（大厦，大屋；公卿大夫之家）；巨蠹（喻祸国殃民的大奸）

（3）多，数量大 [enormous]。如：巨万（万万之数。形容数目很大）；巨金（大批钱财；大锭银子）；巨千（为数甚多）

（4）粗；粗大；粗略 [coarse]。如：巨屦（粗糙的鞋子）

（5）高超、杰出 [super]。如：巨川材（济世大才）；巨手（高手，喻指杰出的人物）；巨公（皇帝的特称；太师；大人师）

◎巨 jù〔副〕

（1）通"讵"。岂，难道

沛公不先破关中兵，公巨能入乎？——《汉书·高帝纪》

（2）又如：巨能（岂能）

（3）最［very］

言不尽于此，颇难悉载，故粗举其巨怪者。——曹植《辩道论》

汉英互译

◎巨

gigantic   huge

English

---

large, great, enormous; chief

《周易》第四十三卦夬泽天夬兑上乾下

夬：扬于王庭，孚号，有厉，告自邑，不利即戎，利有攸往。

彖曰：夬，决也，刚决柔也。健而说，决而和，扬于王庭，柔乘五刚也。孚号有厉，其危乃光也。告自邑，不利即戎，所尚乃穷也。利有攸往，刚长乃终也。

象曰：泽上于天，夬；君子以施禄及下，居德则忌。

初九：壮于前趾，往不胜为咎。象曰：不胜而往，咎也。

九二：惕号，莫夜有戎，勿恤。象曰：莫夜有戎，得中道也。

九三：壮于，有凶。君子夬夬，独行遇雨，若濡有愠，无咎。

象曰：君子夬夬，终无咎也。

九四：臀无肤，其行次且。牵羊悔亡，闻言不信。象曰：其行次且，位不当也。闻言不信，聪不明也。

九五：苋陆夬夬，中行无咎。象曰：中行无咎，中未光也。

上六：无号，终有凶。象曰：无号之凶，终不可长也。

陈翼云曰：

巨卦为至极也，亦回转之意。

三十九、且卦（同周易剥卦）

且

甲骨文			金文			简帛		隶书		楷书	今楷手写体

字源解说

"且"是"俎"、"祖"和"宜"的本字。

且，甲骨文是指事字，在肉块"夕"上加一横指事符号，表示切肉，将肉块切成均等的若乾块。

有的甲骨文写成混合结构的会义字，（夕，肉块）+ （相等），进一步明确"且"是平分肉食。

有的甲骨文在肉块的正中间位置加"等号"，强调"平分"。在原始的共产平分时代，食物是平分的重点对象；因此平分食物精品的肉食，就成为祭祖敬神日的重要仪式。造字本义：祭祖日杀牲宰畜，族长平分肉食。

金文基本承续甲骨文字形，在"夕"字上加一横表示切分的指事符号。有的金文基本承续甲骨文字形，在肉块"夕"下面加"等号"。有的金文结构混合，其中的肉块"夕"、"等号"不易辩认。篆文承续金文字形。

　　"且"的"祭祖杀牲，平分肉食"本义消失后，甲骨文再加"刀"另造"俎"代替；"且"的"祭祖"本义消失后，甲骨文再加"示"另造"祖"代替；"且"从"平分肉食"的本义中引申出"适宜、恰当"的含义，当"且"的"适宜、恰当"含义消失后，甲骨文再加两个"夕"（肉）另造"宜"代替。

　　附文言版《说文解字》：且，荐也。从几，足有二横，一其下地也。凡且之属皆从且。

　　附白话版《说文解字》：且，垫桌脚的草垫。字形采用"几"作边旁，像桌脚之间有二道横杆，下面的一横，表示桌脚下的地面。所有与且相关的字，都采用"且"作边旁。

　　『说文解字注』

　　(且)所荐也。所二字今补。荐当作荐。今不改者、存其旧以示人推究也。荐训兽所食艹。荐训荐席。荐席谓艹席也。艹席可为藉谓之荐。故凡言藉当曰荐。而经传荐荐不分。凡藉义皆多用荐。实非许意。且、古音俎。所以承藉进物者、引申之、凡有藉之皆曰且。凡语助云且者、必其义有二。有藉而加之也。云娖且、苟且者、谓仅有藉而无所加。粗略之也。

　　凡经注言且字者十有一。乡饮酒礼注。同姓则以伯仲别之。又同、则以且字别之。言同姓之中有伯仲同者、则呼某甫也。少牢馈食礼注。伯某之某、且字也。士丧礼父某甫注云。某甫、且字也。若言山甫、孔甫。士虞礼适尔皇祖某甫注云。某甫、且字也。若言尼甫。又曲礼有天王某甫注云。某甫、且字也。檀弓乌呼哀哉尼甫注云。因且字以为之谥。杂记阳童某甫注云。某甫、且字也坊记鲁春秋犹去夫人之姓曰吴、其死曰孟子卒注云。孟子之子、盖其且字。

　　又公羊传宣十五年王札子杀召伯毛伯注云。札者、冠且字也。桓四年天王使宰渠伯纠来聘注云。宰渠伯纠、天子下大夫。系官氏且字。定四年刘卷卒注云。刘卷氏采。不名且字。古言表德之字、谓之且字。往往可证者如是。

蓋古二十而冠。只云某甫。五十而后以伯仲某甫者、所以藉伯仲也。故郑注礼之某甫如是。何注春秋之札卷纠皆为且字。与郑无不合。作正义者多不能憭。致转写多讹。而其不讹者、固可考而知也。经注之且字非许书则不憭矣。若周颂传曰。荛且、敬慎皃。且、此也。则毛公传于故训者也。

从几句。足有二横。一、逗。其下地也。横音光。卽桄字。今俗语读光去声是也。合郑閟宫笺、明堂位注言之。有虞氏木为四足而已。夏后氏中足为横距之象。周人足闲有横。横下有跗。似乎堂后有房。故云大房。按跗、许作柎。阑足也。阑足者、周围之足空其底之下也。造字之时。象其直者四。横者二。置于地、故以一象地。子余切。又千也切。古音娵在五部。凡且之属皆从且。

古文为且。又为几字。上为二字衍文也。古文且字无二横者。郑注明堂位曰有虞氏以梡木为四足而已、夏后氏始中足为横距是也。又以为几字者、古文叚借之法。几亦箸于地。故几且同字。古文字少。此字大徐本挩去。从小徐本补入。

详细字义

◎且 jū〈助〉
（1）用在句末，相当于"啊"
狂童之狂也且。——《诗·郑风·褰裳》
（2）另见 qiě
基本词义

◎且 qiě〈代〉
此，这；今 [this]
匪且有且，匪今斯今。——《诗·周颂·载芟》。毛传："且，此也。"
词性变化

◎且 qiě〈副〉

（1）将近；几乎［almost; nearly］

年且九十。——《列子·汤问》

上晚年多内宠，小王且二十人。——《资治通鉴》

去后且三年。——清·侯方域《壮悔堂文集》

（2）将要

会且归矣，无庶予子憎。——《诗·齐风》

故天之且风，草木未动而鸟已翔矣。——《淮南子》

且为之奈何。——《史记·项羽本纪》

以为且噬己矣。——唐·柳宗元《三戒》

火且尽。——宋·王安石《游褒禅山记》

祸且及汝。——清·魏禧《大铁椎传》

（3）又如：且当（该当）；且然（亦将如此）

（4）暂且；姑且

且往观乎？——《诗·郑风》

且携所著。——清·梁启超《谭嗣同传》

甚且心之所以清。——清·刘开《问说》

（5）又如：你且等一下；这事且放一下；且可（犹暂且）；且休（暂且休整）；且自（暂且；只管）；且住（暂止）；且暂（犹暂且）；且权（暂且；姑且）；且则（姑且）；且复（姑且再）

（6）用来加强语气，表示某事物的极端的、假设的或不可能有的情况或事例［even］。如：死且不怕，况困难乎

（7）〈方〉：表示需要或可以延续很长时间。如：这笔且用呢；他且来不了呢

◎且 qiě＜连＞

（1）表示并列关系，相当于"又"、"而且"［

君子有酒，旨且多。——《诗·小雅》

行牧且荛。——唐·柳宗元《童区寄传》

连拜且泣。——宋·王谠《唐语林·雅量》

香且甘者。——清·周容《春酒堂遗书·芋老人传》

贼能且众。——清·魏禧《大铁椎传》

（2）又如：贫且贱；横且直；且并（并且）；且是（而且）

（3）又…又。连用以表示两件事同时并进［ｂｏｔｈ…ａｎｄ…］。如：既高且大；且战且退

（4）表示选择关系，相当于"抑或"、"或者"［ｏｒ］

王以天下为尊秦乎？且尊齐乎"——《战国策》

是且非邪。——唐·韩愈《朱文公校昌黎先生集》

（5）表示递进关系，相当于"尚且"、"况且"［ｍｏｒｅｏｖｅｒ］

且焉置土石。——《列子·汤问》

且北方之人，不习水战。——《三国志》

且人患志之不立。——《世说新语·自新》

余悲之，且曰…——唐·柳宗元《捕蛇者说》

且欲观客。——清·魏禧《大铁椎传》

（6）又如：且夫（且况。况且）

（7）表示假设关系，相当于"若"、"假如"［ｉｆ］

且静郭君听辨而为之也，必无今日之患也。——《吕氏春秋》

且复妄言。——明·高启《书博鸡者事》

（8）又如：且如（假如；如果）；且使（假使；倘若）

（9）尚且，还

臣死且不避，卮酒安足辞。——《史记·项羽本纪》

为众人师且不敢。——唐·柳宗元《柳河东集》

且继今以往。——［英］赫胥黎着、严复译《天演论》

（10）另见ｊｕ

汉英互译

◎且
ｅｖｅｎ　　　ｊｕｓｔ
Ｅｎｇｌｉｓｈ

ｍｏｒｅｏｖｅｒ，ａｌｓｏ

陈翼云占

某西人占能否竞选上当地议员，用三易起卦得《蓳山·且》，卦意为吉，兼看《归藏》《周易》，知其人气运不足，将来可选上，此次不成。后其人落选。

《周易》第二十三卦剥山地剥艮上坤下

剥：不利有攸往。

象曰：剥，剥也，柔变刚也。不利有攸往，小人长也。顺而止之，观象也。君子尚消息盈虚，天行也。

象曰：山附地上，剥；上以厚下，安宅。

初六：剥(ㅓ木)以足，蔑贞凶。象曰：剥(ㅓ木)以足，以灭下也。

六二：剥(ㅓ木)以辨，蔑贞凶。象曰：剥(ㅓ木)以辨，未有与也。

六三：剥之，无咎。象曰：剥之无咎，失上下也。

六四：剥(ㅓ木)以肤，凶。象曰：剥(ㅓ木)以肤，切近灾也。

六五：贯鱼，以宫人宠，无不利。象曰：以宫人宠，终无尤也。

上九：硕果不食，君子得舆，小人剥庐。象曰：君子得舆，民所载也。小人剥庐，终不可用也。

陈翼云曰： 且卦为刻石昭告四方也[85]。

---

[85] 如秦刻石碑。秦刻石一般是指《史记·秦始皇本纪》中记载的，秦始皇于公元前221年统一六国后，数次出巡各地，群臣为歌颂其功德、昭示万代而所刻之石。共有七处，分别称"峄山刻石"（公元前219年）、"泰山刻石"（公元前219年）、"琅琊刻石"（公元前219年）、"之罘刻石"（公元前218年）、"东观刻石"（公元前218年）、"碣石刻石"（公元前215年）和"会稽刻石"（公元前210年）。故又称"秦七刻石"、"秦七碑"。

秦泰山刻石，又称封泰山碑，秦始皇二十八年（前219年）东巡泰山时所立。碑高四尺五寸、宽一尺四寸，字型工整、笔画圆健，是秦始皇统一文字后的小篆，相传为宰相李斯所书。刻石北、东、西三面为秦始皇诏书，共144个字，南面为秦二世元年（前209年）所刻二世诏书78个字。

壬，亡卦始，计十三卦

四十、 亡卦（同周易兑卦）

亡

甲骨文	金文	篆文	隶书	楷书	草书	行书	草书	标准字体

亡，甲骨文 是指事字，在"人" 的手部加一竖指事符号 ，表示手持盾、甲之类的护具作掩护。造字本义：战败的士兵手举盾甲逃命。金文 承续甲骨文字形，有的金文 将"人" 形中的手部与护具形状的 连写成"人"形 ，而将"人"形中的另一部分写成一个折角 。篆文 承续金文字形。隶书 严重变形，将篆文的"人" 写成一点一横 ，导致"人"形消失，字形晦涩。

『說文解字注』

刻石原立于岱顶，至明只存 29 字。清乾隆五年（1740 年）遭火，刻石遂失；嘉庆二十年（1815 年）在山顶玉女池中搜得残石 2 块，尚存 10 字，移至岱庙；现在位于泰山岱庙东御座的露台前西侧，仅存二世诏书中的 10 个残字：斯、臣、去、疾、昧、死、臣、请、矣、臣。[1]最著名的拓本为宋拓百六十五字本，收 165 字，曾由明朝大收藏家安国收藏，现藏于日本东京台东区立书道博物馆。

（亾）逃也。逃者、亡也。二篆为转注。亡之本义为逃。今人但谓亡为死。非也。引申之则谓失为亡。亦谓死为亡。孝子不忍死其亲。但疑亲之出亡耳。故丧篆从哭亡。

亦叚为有无之无。双声相借也。从入。会意。谓入于曲隐蔽之处也。武方切。十部。凡亡之属皆从亡。

附 文言版《说文解字》：亡，逃也。从入从乚。凡亡之屬皆从亡。

附 白话版《说文解字》：亡，逃跑。字形采用"入、乚"会义。所有与亡相关的字，都采用"亡"作边旁。

详细字义

◎ 亡wáng〈动〉

（1）（会意。小篆字从入，从乚。"入"是人字。乚隐蔽。合起来表示人到隐蔽处。本义：逃离，出走）

（2）同本义 ［ｆｌｅｅ；ｒｕｎ　ａｗａｙ］

亡，逃也。——《说文》

晋公子生十七年而亡。——《国语·晋语四》

子牟有罪而亡。——《国语·楚语上》

（3）又如：亡归（逃回）；逃亡（逃走在外）；亡虏（逃亡的犯人）；亡民（逃亡在外的百姓）；

（4）死 ［ｄｉｅ］

存亡不可知。——《汉书·李广苏建传》

刘表新亡，二子不协。——《资治通鉴》

（5）又如：亡人（死人。骂人的话）；阵亡（在作战中牺牲）；亡醮（为死者设坛祭祷）；亡友（死去的友人）；亡死（死亡）；亡殁（死亡）；亡化（死亡；去世）

（6）丢失；丧失 ［ｌｏｓｅ］

亡赵自危。——《战国策·秦策五》

非其所以与人而与人，谓之亡。——《谷梁传·定公八年》

（7）　又如：亡逸（散失）；亡躯（丧身）；亡阙（亡缺。丧失残缺）；亡缺（散失残缺）；亡家犬（丧家犬）；亡书（散失的书籍）

（8）　灭亡　［ｓｕｂｊｕｇａｔｅ］

国恒亡。——《孟子·告子下》

大亡其则。——《韩非子·说难》

彼固亡国之形也。——《韩非子·初见秦》

秦饥而宛亡。——《战国策·西周策》

（9）　又如：兴亡（兴盛和灭亡）；亡破（国破家亡）；亡君（亡国之君）；亡绝（国家败亡，宗庙绝祀）；亡征（灭亡的征兆）

（10）　外出；出门

孔子时其亡也，而往拜之。——《论语·阳货》

（11）　沉迷于宴饮

乐酒无厌谓之亡。——《孟子》

（12）　通"忘"　［ｆｏｒｇｅｔ］

曷维其亡？——《诗·邶风·绿衣》

圣人之法死亡亲，为天下也。厚亲分也。以死亡之。——《墨子·大取》

人不能自止于足，而忘其富之涯乎。——《韩非子·说林下》

知而亡情，能而不为，真知真能也。——《列子·仲尼》

是亡楚国之社稷，而不率吾众也。——《淮南子》

（13）　轻视　［ｎｅｇｌｅｃｔ］。如：亡如（瞧不起，不放在眼里）

词性变化

◎ 亡 ｗáｎｇ〈名〉

（1）　过去　［ｏｆ　ｔｈｅ　ｐａｓｓ］

追亡事、今不见，但山川满目泪沾衣。——《木兰花慢》

（2）　另见 ｗú

◎ 亡 ｗú〈动〉

（1）　古同"无"

（2）　通"无"。没有　［ｎｏｔ　ｈａｖｅ］

河曲智叟亡以应。——《列子·汤问》

予美亡此，谁与独处。——《诗·唐风·葛生》

亡则以缁，长半幅。——《仪礼·士丧礼》

日知其所亡，月无忘其所能，可谓好学也已矣。——《论语·子张》

（3） 副词，通"毋"可译为"不"、"不要"等，表示否定 ［don't］

幸亡阻我。——明·宗臣《报刘一丈书》

亡论长者。

汉英互译

◎ 亡

conquer deceased die English

---

death, destroyed; lose, perish

《周易》第五十八卦兑兑为泽兑上兑下

兑：亨，利贞。

彖曰：兑，说也。刚中而柔外，说以利贞，是以顺乎天，而应乎人。说以先民，民忘其劳；说以犯难，民忘其死；说之大，民劝矣哉！

象曰：丽泽，兑；君子以朋友讲习。初九：和兑，吉。象曰：和兑之吉，行未疑也。

九二：孚兑，吉，悔亡。象曰：孚兑之吉，信志也。

六三：来兑，凶。象曰：来兑之凶，位不当也。

九四：商兑，未宁，介疾有喜。象曰：九四之喜，有庆也。

九五：孚于剥，有厉。象曰：孚于剥，位正当也。

上六：引兑。象曰：上六引兑，未光也。

四十一、巾卦（周易归妹卦）

巾

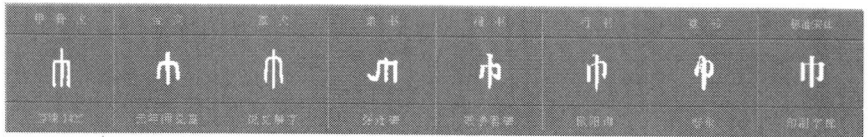

字源解说

巾，甲骨文 像是用带子丨系吊的一块下垂的布 。造字本义：用布帛制作的系佩饰物。金文 、篆文 承续甲骨文字形。

附文言版《说文解字》：巾，佩巾也。从冂，丨象纟也。凡巾之属皆从巾。

附白话版《说文解字》：巾，佩带的饰巾。字形以"冂"为字根，"丨"像系巾的系绳。所有与巾相关的字，都采用"巾"作边旁。

『说文解字注』

(巾)佩巾也。带下云。佩必有巾。佩巾、礼之纷帨也。郑曰。纷帨物之佩巾也。按以巾拭物曰巾。如以帨拭手曰帨。周礼。巾车之官。郑注。巾犹衣也。然吴都赋。吴王乃巾玉路。陶渊明文曰。或巾柴车。或棹孤舟。皆谓拂拭用之。不同郑说也。陶句见文江淹杂体诗注。今本作或命巾车。不可通矣。玉篇曰。本以拭物。后人着之于头。从冂。巾可覆物。故从冂。周礼幂人注。以巾覆物曰幂。丨象系也。有系而后佩于带。居银切。十二部。凡巾之属皆从巾。

详细字义

◎巾 jīn〈名〉

（1）（象形。甲骨文字形，象布巾下垂之形。本义：佩巾，拭布，相当于现在的手巾）

（2）同本义 [towel]

巾，佩巾也。——《说文》

沐巾一。——《仪礼·士冠礼》

盥卒授巾。——《礼记·内则》

布巾环幅不凿。——《仪礼·士丧礼》

静其巾幂。——《仪礼·特牲馈食礼》

（3）又如：花巾；小丝巾；巾栉（梳洗用品，即手巾和梳子；梳洗打扮）；巾帚（拭巾和扫帚）；巾帨（毛巾）

（4）缠束或覆盖用的织物

巾袖无光。——唐·李朝威《柳毅传》

簌簌衣巾落枣花。——宋·苏轼《浣溪沙》

（5）又如：领巾；围巾；巾带（古代有功之人的冠服，亦代指功名）；巾车（有帷幕装饰的车子）；巾衣（古代士大夫的装束，服之以示敬礼）；又指古代送葬时引柩所用的布

巾待于阼阶下。——《仪礼》

（6）头巾 [turban]

愆礼巾，所以饰首。——《风俗通》

巾，本以拭物，后人着之于头。——《玉篇》

羽扇纶巾。——苏轼《赤壁怀古》

首戴方山巾。——李白《嘲鲁儒》

幅巾藜杖北城头，卷地西风满眼愁。——陆游《秋晚登城北门》

（7）又如：巾帻（头巾）；巾冠（巾和冠）；巾絮（头巾）；巾囊（包裹，布袋）；巾帽（头巾和帽子）；巾卷（古代士族所用的头巾和书卷。引申为士族的代称）

（8）巾箱 [turban box]

巾卷充街。——《文选·皇太子释奠会诗》

（9）又如：巾笈（存放巾帛、书卷的小箱子）；巾笥（有巾帛覆盖的箱子）；巾衍（放置头巾、书卷等物的小箱子）；巾笥（即巾箱）；巾箧（巾箱）

词性变化

◎巾 jīn〈动〉

（1）包裹；覆盖[wrap; cover]

巾，犹衣也。珠丛云：以衣被车谓之巾。——《周礼·巾车》注

巾以文绣。（用绣巾盖着。）——《庄子》

（2）又如：巾幂（用来覆盖礼器的布帛。引申为"覆盖"）

汉英互译

◎巾

A piece of cloth

English

---

kerchief; towel; turban;

《周易》第五十四卦归妹雷泽归妹震上兑下

归妹：征凶，无攸利。

彖曰：归妹，天地之大义也。天地不交，而万物不兴，归妹人之终始也。说以动，所归妹也。征凶，位不当也。无攸利，柔乘刚也。

象曰：泽上有雷，归妹；君子以永终知敝。

初九：归妹以娣，跛能履，征吉。象曰：归妹以娣，以恒也。跛能履吉，相承也。

九二：眇能视，利幽人之贞。象曰：利幽人之贞，未变常也。

六三：归妹以须，反归以娣。象曰：归妹以须，未当也。

九四：归妹愆期，迟归有时。象曰：愆期之志，有待而行也。

六五：帝乙归妹，其君之袂，不如其娣之袂良，月几望，吉。

象曰：帝乙归妹，不如其娣之袂良也。其位在中，以贵行也。

上六：女承筐无实，士刲羊无血，无攸利。象曰：上六无实，承虚筐也。

四十二、尹卦（同周易解卦）

尹

字源解说

　　　"尹"是"君"的本字。尹，甲骨文 （权杖） （又，抓），表示手执权杖。造字本义：手执权杖，管理事务。金文 承续甲骨文字形。篆文 将金文字形中的撇 与"又" 相交叉。当"尹"的"手执权杖"的本义消失后，甲骨文再加"口"（命令）另造"君"、加"人"另造"伊"代替。

　　附文言版《说文解字》：尹，治也。从又丿，握事者也。
　　附白话版《说文解字》：尹，治理。字形采用"手、丿"会义，表示一手掌握万千事务。
　　『说文解字注』

　　　(尹)治也。伊下曰。尹治天下。广韵曰。正也。进也。诚也。从又丿。句。握事者也。又为握。丿为事。余准切。十三部。

详细字义

◎尹yǐn〈动〉
　（1）（会意。甲骨文字形。左边一竖表示笔，右边是"又"（手），象手拿笔，以表示治事。本义：治理）同本义

尹，治也。——《说文》

以尹天下。——《左传·定公四年》

（2）又如：尹京（治理京畿）；尹祭（古代用于祭祀的切割方正的乾肉）

◎尹 yǐn 〈名〉

（1）旧时官名

令尹子文，三仕为令尹，无喜色。——《论语·公冶长》

不以非郑尹。——唐·柳宗元《柳河东集》

拥至尹前。——宋·胡仔《苕溪渔隐丛话》

有卿尹。——清·周容《芋老人传》

（2）又如：府尹；京兆尹；尹氏（官名。掌管册命臣工之事）；尹寺（宦官）；尹长（官长）

（3）姓。如：尹午（复姓）

English

govern；oversee；director

《周易》第四十卦解雷水解震上坎下

解：利西南，无所往，其来复吉。有攸往，夙吉。

彖曰：解，险以动，动而免乎险，解。解利西南，往得众也。其来复吉，乃得中也。有攸往夙吉，往有功也。天地解，而雷雨作，雷雨作，而百果草木皆甲坼，解之时义大矣哉！

象曰：雷雨作，解；君子以赦过宥罪。

初六：无咎。象曰：刚柔之际，义无咎也。

九二：田获三狐，得黄矢，贞吉。象曰：九二贞吉，得中道也。

六三：负且乘，致寇至，贞吝。象曰：负且乘，亦可丑也，自我致戎，又谁咎也。

九四：解而拇，朋至斯孚。象曰：解而拇，未当位也。

六五：君子维有解，吉；有孚于小人。象曰：君子有解，小人退也。

上六：公用射隼，于高墉之上，获之，无不利。象曰：公用射隼，以解悖也。

四十三、干卦（音官，同周易睽卦）

干

甲骨文	金文	石鼓	秦系	隶书	行书	隶二	标准宋体	甲骨文
Ψ	Ψ	Ψ	干	干	干	乎	干	
缺	缺	缺	幹	幹	幹	幹	幹	河姆渡印象"干"音为氏省略声分字见朝"乾""車"
缺	虞	斡	斡	斡	翰	倏	斡	
缺	缺	贀	乾	乾	乾	乾	乾	

字源解说

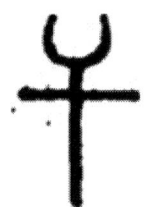

　　本字"干"，甲骨文 Ψ = Ψ（长柄树杈）十 （十，"又" Ψ 的变形，表示抓握），表示手握树杈利器。有的甲骨文 Ψ 在树杈 Ψ 的两端各加一块尖利的石块■，表示以尖硬石块加强"乾"的攻击力。该字形后成为"单"。造字本义：远古时代用尖利的树杈为武器进行狩猎、格斗。金文 Ψ、篆文 Ψ 承续甲骨文字形。籀文 Ψ 在树杈两端加"角" 、 ，表示将兽角绑在树杈以加强攻击力。隶书 干 误将篆文的树杈状 写成 丅。

　　合并字"乾"乾，既是声旁也是形旁，表示捕猎工具。乾，甲金篆字形暂缺，隶书 斡 = 斡（躺，即"朝"）十干（乾，捕猎工具，借代行猎，借代生产劳动），表示在朝晨开始行猎生产。造字本义：日出而作。

190

合并字"乾"，金文 （插在高崖上的旗） （木，竖杆），表示插旗的竖杆。篆文 将金文的 写成 （"翰"的省略，表示战旗飘扬），明确"乾"与"旗"的关系。造字本义：作为旗杆的树杆。

合并字"乾"乾，籀文 （"朝"的省略，表示日出） （火，喻日照如火） （蒸汽），表示日照蒸发水分。造字本义：日照如火，水汽蒸发，空气燥热而缺少水分。有的籀文 将水蒸汽形状 写成"乞" 。篆文 将籀文的 写成 。在道家古老的阴阳观念中，天为阳，称作"乾"；地为阴，称作"坤"。

乾文言版《说文解字》：乾，犯也。从反入，从一。凡乾之属皆从乾。

乾白话版《说文解字》：乾，侵犯。字形由倒写的"入"和"一"构成。所有与乾相关的字，都采用"乾"作边旁。

『说文解字注』

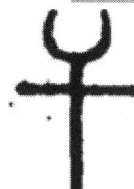

(乾)犯也。犯、侵也。毛诗乾旄、乾旌假为竿字。从一。从反入。反入者、上犯之意。古寒切。十四部。凡乾之属皆从乾。

详细字义

◎乾 gān

〈名〉

（1）（象形。甲骨文字形，象叉子一类的猎具、武器，本是用于进攻的，后来用于防御。本义：盾牌）

（2）同本义 [shield]

盾，自关而东或谓之乾。——《方言》九

朱乾玉戚以舞大武。——《礼记·祭统》。注："朱乾，赤盾。"

司乾。——《周礼·春官·序官》

礼义以为乾橹。——《礼记·儒行》。注："乾橹，小楯大楯也。"

能执乾戈以卫社稷。——《礼记·檀弓下》

乃修教三年，执乾戚舞，有苗乃服。——《韩非子·五蠹》

（3）又如：乾羽（盾牌和雉羽，供乐舞之用）；乾革（乾即盾；革即甲胄类。泛指兵器）；乾橹（小盾大盾）；乾戎（兵戎。通称兵器、军队）

（4）岸；水畔［ｂａｎｋ］

鸿渐于乾。——《易·渐卦》。释文引郑注："乾，水傍，故停水处。"

秩秩斯乾。——《诗·小雅·斯乾》。朱注："乾，水涯也。"

昔者吴乾战。——《管子·小问》。注："乾，江边地也。"

而不知乾队之败。——《史记·春申君传》。索隐："乾，水边也。"

坎坎伐檀兮，置之河之乾兮。——《诗·魏风·伐檀》

（5）江南把山垅之间的地段叫乾［ｖａｌｌｅｙ］。故金陵有大长乾、小长乾、东长乾

（6）天乾［Ｓｔｅｍｓ；Ｈｅａｖｅｎｌｙ Ｓｔｅｍｓ］。如：乾支（天乾地支，实际上是"乾枝"的一种比喻说法）

（7）姓

词性变化

◎乾 gān

〈动〉

（1）捍卫［ｄｅｆｅｎｄ；ｇｕａｒｄ］

（2）又如：乾害（捍护）

（3）触犯；冒犯；冲犯；冲［ｏｆｆｅｎｄ］

乾，犯也。——《说文》

辙恐犯忌而乾讳。——《楚辞·七谏·谬谏》

以乾先王之诛。——《书·胤征》

以乾天祸。——《公羊传·宣公十二年》

若乾二命以求杀予。——《国语·晋语四》

（4）又

则上下不乾。

乃背晋乾宋。——《史记·管蔡世家》

赵孟使人以其乘车乾行，献子执而戮之。——《国语·晋语五》

乾国之纪。——《左传·襄公二十三年》

君辱贶之，其敢乾大礼以自取戾。——《左传·文公四年》

故吏不敢以非法遇（对待）民，民不敢犯法乾法官也。——《商君书·定分》

牵衣顿足拦道哭，哭声直上乾云霄。——唐·杜甫《兵车行》

（5）又如：乾渎（冒犯。乾：乾犯；抵触；烦扰）；乾触（冒犯；触犯）；乾凌（乾犯欺凌）；乾典（违犯法典）；乾命（违犯命令）；乾行（指冲撞军列）；乾戾（触犯法令而获罪）

（6）立，建立 [set up]

后知张顺乾了功劳。——《水浒传》

（7）求，求取 [seek for]

皆乾赏蹈利之兵也。——《荀子·议兵》

其欲乾酒肉之味邪？——《庄子·徐无鬼》

亦不敢服垢弊以矫俗乾名，但顺吾性而已。——宋·司马光《训俭示康》

时墨者东郭先生将北适中山以乾仕。——明·马中锡《中山狼传》

（8）又如：乾名（求取名位）；乾求（求取功名）；乾谒（为谋求禄位而谒见当权者）；乾进（营谋官职地位）；乾索（索要；强取）；乾进（谋求仕进）；乾请（请托）

（9）乾预；乾扰 [intervene; interfere]

皆妇人乾政之所致也。——《后汉书·蔡邕传》

明君使事不相乾。——《韩非子·用人》

（10）关涉；牵扯［involve; beconnected］

新来瘦，非乾病酒，不是悲秋。——宋·李清照《凤凰台上忆吹箫》

（11）又如：乾己（关系，责任）；乾累（连累；牵连）；乾纪（关系；职责）；乾属（关系）；乾惹（牵涉，关连）

（12）怠慢，慢待［neglect］。如：主人走了，把我们乾起来了

◎乾

乾、乹、乾gān

〈形〉

（1）（形声。从乙（表示向上），倝（gàn）声。①本义：天。②引申义：没有水分或水分很少，与“湿”相对）

（2）同引申义［dry］

方将被发而乾。——《庄子·田子方》

剖其中，乾若败絮。——刘基《卖柑者言》

乾东土。——《吕氏春秋·爱类》

外强中乾。——《左传·僖公十五年》

然而旱乾水溢。——《孟子·尽心下》

床头屋漏无乾处，雨脚如麻未断绝。——唐·杜甫《茅屋为秋风所破歌》诗

（3）又如：乾冬（乾燥少雨的冬季）；乾荒（乾旱）；乾烘茶（采摘后不经过揉制而直接烘乾的茶叶）；乾堆（乾柴堆。比喻色迷之人）

（4）枯竭［exhausted］

予贸得其一，剖之，如有烟扑口鼻，视其中，则乾若败絮。——明·刘基《卖柑者言》

（5）又如：乾蛋（方言。穷光蛋）；乾竭（枯竭）

（6）乾亲。谓没有血缘或婚姻关系而结认的亲戚关系［adopted］

赵氏乾娘，高皇（明太祖朱元璋）义父之妻也。——明·文林《琅琊漫抄》

（7）又如：乾爷（义父）；乾大（方言。乾爹，义父）；乾老子（乾爹）；乾生子（乾儿子）；乾达达（乾爹，义父）

（8）形容声音乾涩嘶哑［dry and coarse］。如：乾哑（乾涩嘶哑）

◎乾

乾 gān

〈动〉

（1）使乾，竭尽［dry; exhaust］

乾泽而渔。——刘向《说苑》

（2）怠慢；使对方难堪［neglect］

从今日起，且乾着他，不理他，他两个自然有些着慌。——《儿女英雄传》

（3）又

没奈何，站起身来乾了人家，一句说了六个大字，道是："多礼，我不敢当。"

◎乾

乾 gān

〈名〉

（1）加工制成的乾食品［dried−up food］

人负朱六斗，卒自携五日乾粮。——宋·沈括《梦溪笔谈·官政》

（2）又如：豆腐乾；萝卜乾；乾肉；乾脯（乾肉）

◎乾

乾 gān

〈副〉

（1）徒然，白白地［invain］

乾愁漫解坐自累，与众异趣谁相亲。——唐·韩愈《感春》

（2）又如：乾落落（白白地）；乾发虚（空有打算而不能兑现）；乾拌（白吵；白费口舌）；乾白（白说，白搭）

（3）虚假地，表面地［ｆａｌｓｅｌｙ；　ｓｕｐｅｒ
ｆｉｃｉａｌｌｙ］

晔乾笑云："罪至"而已。——《宋书·范晔传》

（4）又如：乾乔（装模作样）

（5）另见ｇàｎ

◎乾

乾、乾ｇàｎ

〈名〉

（1）（形声。从木，倝（ｇàｎ）声。本义：筑墙板。筑
土墙时两边所用的木板）

（2）同本义［ｅｎｄｐｌａｎｋ］

乾，筑墙端木也。——《说文》。字亦俗作乾。按，植于
两边者曰乾，植于两端者曰桢。散文则亦通称也。古筑墙先度
其广，轮乃树桢，乾，继施横板于两边，乾内以绳束乾，实土
筑之。一板竣则层累而上，五板为堵。

平板乾，称畚筑。——《左传·宣公十一年》

姚信、楼玄，…皆社稷之桢乾，国家之良辅。——《三国
志·陆凯传》

（3）又如：乾桢（筑墙所用的主柱，竖在两旁的叫
"乾"，竖在两端的叫"桢"。引申为支柱、支撑）

（4）木名。柘树［ｔｈｒｅｅ－ｂｒｉｓｔｌｅｃｕｄ
ｒａｎｉａ］

词性变化

◎乾

乾ｇàｎ

〈名〉

（1）主乾［ｔｒｕｎｋ］

故枝不得大如乾，末不得强于本。——《淮南子·主训》

柏虽大乾如臂，无不平贴石上，如苔藓然。——《徐霞客
游记》

魂兮归来，去君之恒乾，何为四方些？——《楚辞·屈
原·招魂》

（2）又如：躯乾；乾子（树乾）；乾本（树木的主乾）；乾貌（体貌）；乾力（指体力强健）；骨乾（在总体中起主要作用的人或物）；乾翮（主翮。翮，羽的主茎）；乾翼（主乾与辅翼）；乾辅（主乾与辅佐）

（3）引申为本质［ｅｓｓｅｎｅｅ］

是故柔弱者，生之乾也。——《淮南子》。高诱注："乾，质也。"

（4）胁［ｔｈｅｕｐｐｅｒｐａｒｔｏｆｔｈｅｓｉｄｅｏｆｔｈｅｈｕｍａｎｂｏｄｙ］

上佐食，举尸牢胁，尸受振祭哜之。——《仪礼·少牢馈食礼》

（5）效果；用处［ｅｆｆｅｃｔ］

况且朱三是穷人，讨也没乾。——《二刻拍案惊奇》

（6）地位低下的官吏［ｌｏｗｏｆｆｉｃｉａｌ］

（7）又如：乾人（即府乾。达官贵人府中的办事人员。也称"乾办"）；乾吏（乾练的官吏。多指州郡衙门中的办事人员）

（8）一种俸禄［ｓａｌａｒｙ］。如：乾禄（南北朝时勋贵、官吏对被役使的"乾"收取免役绢作为一种额外俸给，称"乾禄"）

（9）乾部的简称［ｃａｄｒｅ］。如：乾群关系；以工代乾；乾属（乾部的家属）

（10）事情［ａｆｆａｉｒ］。如：公乾；有何贵乾？

（11）姓

◎乾

乾 ｇàｎ

〈动〉

（1）做，从事于或忙于做某事，尤指从事某项职业［ｄｏ；ａｃｔ；ｅｘｅｃｕｔｅ；ｗｏｒｋ］

宁宗庆元五年，右谏议大夫张奎言乞行下州县，保正止许乾当本都贼盗、斗殴、烟火、公事，不许非泛科配。——《文献通考·职役·历代乡党版籍职役》

（2）又如：让我乾什么都可以；乾不的（乾不了）；乾办（办理；处理）；乾当（承办）

（3）主管［ｔａｋｅ　ｃｈａｒｇｅ　ｏｆ］

光武即位，知湛名儒旧臣，欲令乾任内职，征拜尚书。——《后汉书·伏湛传》

（4）又如：乾管（主持；管理）；乾官（古代掌管均输之官）；乾掌（掌管，管理）；乾运（运筹乾办）；乾当（主管；经办）

（5）建立；求取［ｓｅｔｕｐ；　ｆｏｕｎｄ；　ｓｅｅｋ　ｆｏｒ］。如：乾功（建功）

（6）通“扞”（ｈàｎ）。护卫，遮挡［ｇｕａｒｄ；ｋｅｅｐｏｕｔ］

赳赳武夫，公侯乾城。——《诗·周南·兔罝》

（7）又如：乾夜（护卫巡夜）

◎乾

乾ｇàｎ

〈形〉

（1）乾练

邕善书计，强记默识，以乾济见知。——《北齐书·唐邕传》

愿他日得志，廉乾如古人某，忠孝如古人某，及为吏，以污贿不饬罢。——清·周容《芋老人传》

（2）又如：乾肃（乾练而慎重）；乾直（乾练正直）；乾绩（优异的业绩）；乾誉（以办事乾练而获得的声誉）

（3）通“扞”（ｈàｎ）。乱［ｄｉｓｏｒｄｅｒｌｙ］

治宜于时而行之，则不乾。——《商君书·壹言》

（4）另见ｇāｎ

汉英互译

◎乾

ｄｏ　ｗｏｒｋ　ａｂｌｅ　ｄｒｙ　ｅｍｐｔｙ　ｆｏｒｎｏｔｈｉｎｇ　ｄｏｉｎｇ

English

oppose, offend; invade; dried

《周易》第三十八卦睽火泽睽离上兑下

睽：小事吉。

彖曰：睽，火动而上，泽动而下；二女同居，其志不同行；说而丽乎明，柔进而上行，得中而应乎刚；是以小事吉。天地睽，而其事同也；男女睽，而其志通也；万物睽，而其事类也；睽之时用大矣哉！

象曰：上火下泽，睽；君子以同而异。

初九：悔亡，丧马勿逐，自复；见恶人无咎。象曰：见恶人，以辟咎也。

九二：遇主于巷，无咎。象曰：遇主于巷，未失道也。

六三：见舆曳，其牛掣，其人天且劓，无初有终。象曰：见舆曳，位不当也。无初有终，遇刚也。

九四：睽孤，遇元夫，交孚，厉无咎。象曰：交孚无咎，志行也。

六五：悔亡，厥宗噬肤，往何咎。象曰：厥宗噬肤，往有庆也。

上九：睽孤，见豕负涂，载鬼一车，先张之弧，后说之弧，匪寇婚媾，往遇雨则吉。象曰：遇雨之吉，群疑亡也。

陈翼云曰：

干卦，意为猎食，动也。

四十四、戈卦（同周易萃卦）

戈

甲骨文	金文								
有郭沫	班簋	二家	写部	说文籀文	发散	侯马盟	阿陵阳	王孙	甲骨字形

字源解说

戈，甲骨文 （弋，乾） （又，用手抓握），表示手握弋柄。有的甲骨文 将手柄"又" 写成 。造字本义：名词，有钩刃的长柄战具。金文 、 、篆文 承续甲骨文字形。隶书 误将篆文字形中的"弋" （乾）写成 ，"乾"形消失。古人称锋的树杈为"乾"，称棍棒加锋刃为"戈"。

附文言版《说文解字》：戈，平头戟也。从弋，一横之。象形。凡戈之属皆从戈。

附白话版《说文解字》：戈，平头的戟类兵器。字形采用"弋"作边旁，"一"表示横击。字形像戈的形状。所有与弋相关的字，都采用"弋"作边旁。

『说文解字注』

(戈)平头也。考工记。冶氏为戈。广二寸。内倍之。胡三之。援四之。倨句外博。重三锊。郑曰。戈、今句子戟也。或谓之鸡鸣。或谓之拥颈。内谓胡以内接秘者也。长四寸。胡六寸。援八寸。戈、句兵也。主于胡也。俗谓之曼胡以此。郑司农云。援、直刃也。胡其子。按依先郑戈有直刃、则非平头也。宋黄氏伯思始疑郑注。

近程氏瑶田考戈刃如劔横出而稍倨。所谓援八寸也。援之下近秘为胡。连上为刃。所谓胡六寸也。其横田于秘而外出者凡四寸。所谓内倍之也。戈戟之金非冒于秘之首。皆为之内。

横田外出。且于胡之近秘处为三孔。缠缚于秘以固之。古戈戟时有存者。核之可知也。说详通艺录。按许说戈为平头戟。从戈以一象之。然则戈刃之横出无疑也。横出故谓之援。援、引也。凡言援者皆谓横引之。直上者不曰援也。且戈戟皆句兵。矛刺兵。殳兵。殳磞于者也。矛磞于刺者也。

戟者兼刺与句者也。戈者兼句与者也。用其横刃则为句兵。用横刃之喙以啄人则为兵。与句相因为用。故左氏多言戈击。若晋中行献子梦厉公以戈击之。齐王何以戈击子之。解其左肩。郑子南逐子皙。击之以戈。卫齐氏用戈击公孟。公鲁以背蔽之。肱。以中公孟之肩。

鲁昭公将以戈击僚柤。楚盗以戈击昭王。王孙由余以背受之。中肩。越灵姑浮以戈击阖庐。伤将指。齐公执戈将击陈成子。卫石乞盂厣敌子路。以戈击之。缨。皆言击不言刺。惟卢蒲癸以寝戈自后刺子之言刺。盖癸与王何同用戈。癸逼近子之故言刺。王何去子之稍远故言击。且二人一在后一在前。相为掎角也。若长狄侨如、鲁富父终甥摏其喉以戈杀之。

由长狄长三丈。既获之不能杀之。故自下企上以舂其喉也。自下舂其喉。计长狄长不过二丈。容既获之后。身横于地而杀之。摏亦击也。方言曰。戈、楚谓之釪。凡戟而无刃、秦晋之闲谓之釪。或谓之镶。吴杨之闲谓之戈。东齐秦晋之闲谓其大者曰镘胡。

其曲者谓之钩釪镘胡。方言釪钩镘字皆转写讹俗。古只作句孑曼。云无刃者、谓无直刃也。云句孑者、谓其为句兵、取义于无右臂之孑也。云曼胡者、取义于曲处如？领之肥大也。

详绎郑注本无不同。所引先郑乃不可从。从弋。谓柲长六尺六寸。一衡之。象形。衡各本作横。依许全书例正。弋之首一横之而已矣。先郑云。援为直刃、胡其子。非也。古禾切。十七部。凡戈之属皆从戈。

详细字义

◎戈 gē
〈名〉
（1）（象形。甲骨文字形，象一种长柄兵器形。本义：一种兵器）
（2）中国古代的主要兵器 [ｄａｇｇｅｒ－ａｘｅ]
戈，平头戟也。从弋、一，横之象形。——《说文》。按，戈者，柲也，长六尺六寸，其刃横出，可勾可击，与矛专刺、殳专击者不同，亦与戟之兼刺与勾者异。
执戈上刃。——《书·顾命》
称尔戈。——《书·牧誓》
戈广二寸。——《考工记·冶氏》
操吴戈兮被犀甲，车错毂兮短兵接。——《楚辞·屈原·国殇》
（3）青铜制，盛行于商至战国时期，秦以后逐渐消失。其突出部分名援，援上下皆刃，用以横击和钩杀，勾割或啄刺敌人，因此，古代叫做勾兵或称啄兵。又如：戈殳（戈和殳。泛指兵器）；戈甲（戈和铠甲。借指战争。又为兵器的统称）；戈矢（戈和箭）；戈矛（戈和矛）
（4）泛指兵器 [ｗｅａｐｏｎｓ]
左右军士，皆全装贯带，持戈执戟而立。——《三国演义》
能执乾戈以卫社稷。——《礼·檀弓下》
（5）又如：戈兵（兵器。也指战争）；乾戈（泛指武器；喻指战争）
（6）战争；战乱 [ｗａｒ]
偃武息戈，卑辞事汉。——《后汉书·公孙述传》

汉英互译

◎戈
d a g g e r
E n g l i s h

H a l b e r d ,　　s p e a r ,　　l a n c e ;　　r a
d

《周易》第四十五卦萃泽地萃兑上坤下

萃：亨。王假有庙，利见大人，亨，利贞。用大牲吉，利有攸往。

彖曰：萃，聚也；顺以说，刚中而应，故聚也。王假有庙，致孝享也。利见大人亨，聚以正也。用大牲吉，利有攸往，顺天命也。观其所聚，而天地万物之情可见矣。

象曰：泽上于地，萃；君子以除戎器，戒不虞。

初六：有孚不终，乃乱乃萃，若号一握为笑，勿恤，往无咎。

象曰：乃乱乃萃，其志乱也。

六二：引吉，无咎，孚乃利用禴。象曰：引吉无咎，中未变也。

六三：萃如，嗟如，无攸利，往无咎，小吝。象曰：往无咎，上巽也。

九四：大吉，无咎。象曰：大吉无咎，位不当也。

九五：萃有位，无咎。匪孚，元永贞，悔亡。象曰：萃有位，志未光也。

上六：赍咨涕洟，无咎。象曰：赍咨涕洟，未安上也。

陈翼云曰：

戈卦意为互为掎角也，其知孤虚[86]法。

---

[86] 《长短经·卷九》从孤击虚，一女当五丈夫。孤虚为干支、对宫旬空法。

四十五、北卦（同周易师卦）

北

甲骨文	金文	篆文	隶书	明初	行书	草书	标准宋体
			北	北	北		北

字源解说

"北"是"背"的本字。北，甲骨文像一个朝左的人和一个朝右的人，两个人朝相反方向站立。造字本义：两人相逆反，相违背。金文、篆文承续甲骨文字形。隶化后楷书北将篆文的写成，将篆文的写成。当"北"的"相背"本义消失后，篆文再加"月"（肉，身体）另造"背"代替。由于古代天子上朝时面朝南方，因此称背所朝的方向为"北"。

附文言版《说文解字》：北，乖也。从二人相背。凡北之属皆从北。

天时第七《孙子》曰：二曰天时。天时者，阴阳寒暑时节制也。《司马法》曰：冬夏不兴师，所以兼爱吾人。太公曰：天文三人，主占风气，知天心去就。故经曰：能知三生，临刀勿惊。从孤击虚，一女当五丈夫。故行军必背太阴，向太阳，察五纬之光芒，观二曜之薄蚀；必当以太白为主，辰星为候；合宿有必斗之期，格出明不战之势，避以日耗，背以月刑，以王击困，以生击死。是知用天之道、顺天行诛，非一日也。若细雨汰军，临机必有捷；回风相触，道还而无功；云类群羊，必走之道；气如惊鹿，必败之势。黑云出垒，赤气临军，六穷起风，三刑生雾，此皆见师之出而不见者入也。若烟非烟，此庆云也；若星非生，此归邪也；若雾非雾，此泣军也；若雷非雷，此天鼓也。庆云开有德，归邪有降人，泣军多杀将，天鼓多败军。是知风云之占、岁月之候，其来久矣。

附白话版《说文解字》：北，违背。字形采用两个相背的"人"会义。所有与北相关的字，都采用"北"作边旁。

『说文解字注』

(北)苤北也。乖者、戾也。此于其形得其义也。军奔曰北。其引伸之义也。谓背而走也。韦昭注国语曰。北者、古之背字。又引伸之为北方。尙书大传、白虎通、汉律历志皆言北方、伏方也。阳气在下。万物伏藏。亦乖之义也。从二人相背。博墨切。一部。凡北之属皆从北。

详细字义

◎北 bèi〈名〉

（1）方位名。与"南"相对［ｎｏｒｔｈ］

人坐立皆面明背暗，故以背为南北之北。——朱骏声《说文通训定声》

万物负阴而抱阳。——《老子》。王力按，山北为阴，山南为阳，老子的话等于说万物负背而抱南。

然则北通巫峡。——宋·范仲淹《岳阳楼记》

南声函胡，北音清越。——宋·苏轼《石钟山记》

沛公北向坐。——《史记·项羽本纪》

又北向。——明·归有光《项脊轩志》

（2）又如：正北；西北；东北；北邙（即邙山。在河南洛阳市北。东汉及魏晋的王侯公卿多葬于此。泛指墓地）；北闱（清代在顺天（今北京）的乡试称"北闱"，在江宁（今南京）的乡试称"南闱"）；北里（妓院）；北阙（皇宫。借指帝王）；北鄙（北方的边邑）；北雍（北京的国子监）；北邙乡女（代指死去的女性）；北津（北方的渡口）

（3）败逃的军队

燕兵独追北，入至临淄。——《战国策·燕策一》

（4）姓

词性变化

◎北 bèi〈动〉

（1）败北

连战皆北。——《史记•项羽本纪》

鲁人从君战，三战三北。——《韩非子•五蠹》

（2）败逃［ｒｅｔｒｅａｔ］

追亡逐北，伏尸百万。——汉•贾谊《过秦论》

（3）另见ｂèｉ

汉英互译

◎北

Ｎｏｒｔｈ

Ｅｎｇｌｉｓｈ·

ｎｏｒｔｈ；　ｎｏｒｔｈｅｒｎ；　ｎｏｒｔｈｗａｒｄ

《周易》第七卦师地水师坤上坎下

师：贞，丈人，吉无咎。

彖曰：师，众也，贞正也，能以众正，可以王矣。刚中而应，行险而顺，以此毒天下，而民从之，吉又何咎矣。

象曰：地中有水，师；君子以容民畜众。

初六：师出以律，否臧凶。象曰：师出以律，失律凶也。

九二：在师中，吉无咎，王三锡命。象曰：在师中吉，承天宠也。王三锡命，怀万邦也。

六三：师或舆尸，凶。象曰：师或舆尸，大无功也。

六四：师左次，无咎。象曰：左次无咎，未失常也。

六五：田有禽，利执言，无咎。长子帅师，弟子舆尸，贞凶。

象曰：长子帅师，以中行也。弟子舆师，使不当也。

上六：大君有命，开国承家，小人勿用。象曰：大君有命，以正功也。小人勿用，必乱邦也。

陈翼云曰：

北卦，卦象为夹山也[87]。

---

[87] 两山夹峙，道窄而中通，行路艰难。

四十六、八卦（同周易节卦）

八

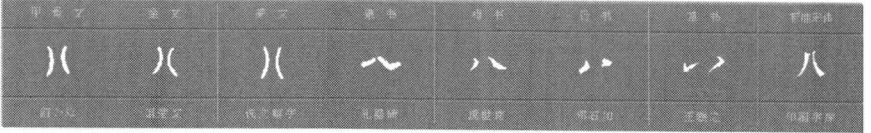

字源解说

"八"是特殊指事字，甲骨文 用相背的两条弧线指事符号，表示物体被分离为两部分。造字本义：切分。金文 、篆文 承续甲骨文字形。楷书 承续隶书字形，写成一撇一捺。当"八"的"切分"本义消失后，篆文再加"刀"另造"分"代替。古人认为"八"是极限数，曰："七乱八糟"。在发明十进制之前，一，二，三，四，五，六，七，八，九，都曾是古人认识中的极限数字。

附文言版《说文解字》：八，别也。象分别相背之形。凡八之属皆从八。

李白《蜀道难》噫吁嚱，危乎高哉！蜀道之难，难于上青天！蚕丛及鱼凫，开国何茫然！尔来四万八千岁，不与秦塞通人烟。西当太白有鸟道，可以横绝峨眉巅。地崩山摧壮士死，然后天梯石栈相钩连。上有六龙回日之高标，下有冲波逆折之回川。黄鹤之飞尚不得过，猿猱欲度愁攀援。青泥何盘盘，百步九折萦岩峦。扪参历井仰胁息，以手抚膺坐长叹。问君西游何时还？畏途巉岩不可攀。但见悲鸟号古木，雄飞雌从绕林间。又闻子规啼夜月，愁空山，蜀道之难，难于上青天！使人听此凋朱颜。连峰去天不盈尺，枯松倒挂倚绝壁。飞湍瀑流争喧豗，砯崖转石万壑雷。其险也如此，嗟尔远道之人胡为乎来哉！剑阁峥嵘而崔嵬，一夫当关，万夫莫开。所守或匪亲，化为狼与豺。朝避猛虎，夕避长蛇；磨牙吮血，杀人如麻。锦城虽云乐，不如早还家。蜀道之难，难于上青天，侧身西望长咨嗟！

　　附白话版《说文解字》：八，划分、区别。像一分为二、相别相背的形状。所有与八相关的字，都采用"八"作边旁。
　　『说文解字注』

　　(八)别也。此以双声韵说其义。今江浙俗语以物与人谓之八。与人则分别矣。象分别相背之形。凡八之属皆从八。博拔切。古音在十一部。

　　详细字义

　　◎八 bā〈动〉
　　（象形。甲骨文象分开相背的样子。汉字部首之一。从"八"的字多与分解、分散、相背有关。本义：相背分开）同本义
　　八，别也。象分别相背之形。——《说文》。段玉裁注："今江、浙俗语以物与人谓之八，与人则分别矣。"
　　词性变化
　　◎八 bā［数］
　　（1）七加一的和［ｅｉｇｈｔ］
　　八，数也。——《玉篇》
　　陈馈八簋。——《诗·小雅·伐木》
　　地理以八制。——《管子·五行》。注："少阴之数。"
　　八者，维纲也。——《大戴礼记·本命》。按，谓八方四正四隅。
　　遇艮之八。史曰，是谓艮之随言，六二爻也。余五爻皆变。凡易用六不用八。八，少阴不变也。——《左传·襄公九年》
　　八眉者，如八字。——《尚书大传》
　　邹忌修八尺有余。——《战国策·齐策》
　　八音克谐。——《书·舜典》
　　秦王复击轲，被八创。——《战国策·燕策》
　　八世。——《后汉书·崔实传》。注："谓三王五帝也。"

（2）又如：八音（中国古代对乐器的统称。通常为金、石、丝、竹、匏、土、革、木八种不同的质材所制）；八拜（古代世交子弟对长辈的礼节，后世将异姓结为兄弟亦称八拜）

（3）常表次第，即第八

八月在宇。——《诗·豳风·七月》

（4）又如：八世；八年

汉英互译

◎八

e i g h t

E n g l i s h

---

e i g h t；　　a l l a r o u n d

《周易》第六十卦节水泽节坎上兑下

节：亨。苦节不可贞。

彖曰：节，亨，刚柔分，而刚得中。苦节不可贞，其道穷也。说以行险，当位以节，中正以通。天地节而四时成，节以制度，不伤财，不害民。

象曰：泽上有水，节；君子以制数度，议德行。

初九：不出户庭，无咎。象曰：不出户庭，知通塞也。

九二：不出门庭，凶。象曰：不出门庭，失时极也。

六三：不节若，则嗟若，无咎。象曰：不节之嗟，又谁咎也。

六四：安节，亨。象曰：安节之亨，承上道也。

九五：甘节，吉；往有尚。象曰：甘节之吉，居位中也。

上六：苦节，贞凶，悔亡。象曰：苦节贞凶，其道穷也。

陈翼云曰：

八卦，谷也，亦夬道而行[88]。有水聚集者为谷。

---

[88] 出通川为谷。从水半见，出于口。凡谷之属皆从谷。古禄切。为会意字。甲骨文字形，上面的部分象水形而不全，表示刚从山中出洞而尚未成流的泉脉;下面象谷口。本义:两山之间狭长而有出口的低地,往往包含一个流域。

四十七、句卦（同周易革卦）

句

字源解说

　　句，甲骨文 (丩，即"纠"，连结) (口，说话)，造字本义：所说的内容连接在一起形成的言语片断，即字词按一定语法连串成的完整表义的最小单位。金文基本承续甲骨文字形。篆文将金文的"丩"写成。隶书将篆文的"丩"简写成"勹"。

　　附文言版《说文解字》：句，曲也。从口，丩声。凡句之属皆从句。

　　附白话版《说文解字》：句，弯曲。字形采用"口"作边旁，"丩"作声旁。所有与句相关的字，都采用"句"作边旁。

　　『说文解字注』

　　(句)曲也。凡曲折之物。侈为倨、敛为句。考工记多言倨句。乐记言倨中矩、句中钩。淮南子说兽言句爪倨身。凡地名有句字者皆谓山川纡曲。如句容、句章、句余、高句骊皆是也。凡章句之句亦取稽留可钩乙之意。古音总如钩。后人句曲音钩。章句音屦。又改句曲字为勾。此浅俗分别。不可与道古也。从口。丩声。古矦切。古音也。四部。又九遇切。今音也。凡句之属皆从句。

详细字义

◎句 gōu〈动〉

（1）（形声。从口。正当读今言钩，俗作勾。本义：弯曲）

（2）同本义［ｂｅｎｄ］

句，曲也。——《说文》。段注："凡曲折之物，侈为倨，敛为句。考工记多言倨句。"

越子为左右句卒。——《左传·哀公十七年》

句兵欲无弹。——《考工记·庐人》

覆之而角至谓之句弓。——《考工记·弓人》

履句履者知地。——《庄子·田子方》。李注："方也。"

（3）（草木出土时，弯的叫句，直的叫萌。）。

（4）勾销［ｓｔｒｉｋｅ］。如：句抹（去掉文辞中的某些字句）；句除（删除；删改）

（5）查考。如：句校（查考校核）；句考（查考）；句稽（查考；核算）

（6）搜取；捕捉［ｃａｔｃｈ］。如：句押（拘捕扣押）；句追（拘捕查究）；句剥（搜刮）

（7）逗引；纠结。如：句引（引诱）；句结（暗中串通结合）

（8）勾画［ｄｅｌｉｎｅａｔｅ］

说书虽小技，然必句性情，习方俗。——清·黄宗羲《柳敬亭传》

词性变化

◎句 gōu＜连＞

如果——表示假设［ｉｆ］

吾句能亲亲而兴贤，吾不遗亦至矣。——《马王堆汉墓帛书》

◎句 gōu〈名〉

（1）指草木初生拳状的幼芽。如：句萌（草木初生的嫩芽、幼苗）

（2）钩子。后作"钩"［ｈｏｏｋ］。如：句绳（钩绳）

（3）古称不等腰直角三角形直角旁的短边

（4）——人名用字

（5）另见ｊù

基本词义

◎句ｊù〈名〉

（1）（会意。小篆字形，从口，从凵（ｊｉū），象绳丝缠结之状）。"凵"亦兼表字音。①（ｇōｕ）本义：弯曲。②句子

（2）语句；诗句［ｓｅｎｔｅｎｃｅ］

句者，局也。联字分疆，所以局言者也。周伯琦曰："语绝为句。"——《诗·关雎》疏。按，取稽留可钩之意，曲画以识之者也。说文瞿下曰：读如章句之句，则后汉时已转其音如今言屡。

驴上得句。——宋·胡仔《苕溪渔隐丛话》

（3）又如：句式（句子的结构形式）；句语（语句，言辞）；句投（句逗。即句读）；句度（同句读）

（4）中国汉代行大礼时，由九宾中地位最低的士依次向上传话，与"胪"相反。

大行设九宾，胪、句传。——《汉书》

词性变化

◎句ｊù〈量〉

（1）用于言语的计量。如：句把（一两句，指很少的话）；两句诗

（2）用于时间的计量。表示点时，相当于"点"；表示时段时，相当于"个"（钟头）［ｏ＇ｃｌｏｃｋ］

这时已经有六句钟了。——蒋光慈《弟兄夜话》

（3）另见ｇōｕ

汉英互译

◎句

s e n t e n c e

E n g l i s h

S e n t e n c e

《周易》第四十九卦革泽火革兑上离下

革：己日乃孚，元亨利贞，悔亡。

象曰：革，水火相息，二女同居，其志不相得，曰革。己日乃孚；革而信也。文明以说，大亨以正，革而当，其悔乃亡。天地革而四时成，汤武革命，顺乎天而应乎人，革之时义大矣哉！象曰：泽中有火，革；君子以治历明时。初九：巩用黄牛之革。

象曰：巩用黄牛，不可以有为也。

六二：己日乃革之，征吉，无咎。象曰：己日革之，行有嘉也。

九三：征凶，贞厉，革言三就，有孚。象曰：革言三就，又何之矣。

九四：悔亡，有孚改命，吉。象曰：改命之吉，信志也。

九五：大人虎变，未占有孚。象曰：大人虎变，其文炳也。

上六：君子豹变，小人革面，征凶，居贞吉。象曰：君子豹变，其文蔚也。小人革面，顺以从君也。

陈翼云曰：句卦意为盘旋也[89]。

---

[89] 音勾。天上诸神十二天将中勾陈神属土。《易冒》："勾陈之象，实名麒麟，位居中央，权司戊日。盖仁兽而以土德为治也…腾蛇之将，职附勾陈，游巡于前，权司己日。盖火神而配土德以行也。"《六壬神将释》勾陈在天为大将军一云：左将军，雷部中作唤云神。

勾陈主兵戈、官讼公事、印信、虎符、留连、皮革，或争田宅、土舍、财帛。占望信息、财帛，出行俱主留滞。其庚主病蹇厄牵星，财物损失，庶人得之如此，若官员见之，乃为印绶。盛则吉，衰则凶也。凡占讼，先以勾陈为主。如勾陈贼日，理难伸雪；日克勾陈，讼得理伸。

四十八、帚卦（同周易豫卦）

帚

字源解说

"箒"是"帚"的异体字。帚，甲骨文 ⚡ 是象形字，字形上部像一簇乾芦花 ⚡ ，下端像绳结 ⚡ ，表示由一簇乾芦花用绳子捆扎成的扫地工具。有的甲骨文 ⚡ 在捆扎的乾芦花 ⚡ 上再加横写的"工" ⌐ （"互"的变形，绞绳工具），表示用绞绳工具将一簇乾芦花捆紧扎牢。有的甲骨文 ⚡ 将字形倒写，像扫地时垂在地上的彗帚。造字本义：名词，扫地用的彗帚。金文 ⚡ 承续甲骨文字形。篆文 ⚡ 将甲骨文字形 ⚡ 中的系扎绳结状"屮" ⚡ 写成"又" ⚡ （抓持），将甲骨文字形中捆扎的乾芦花 ⚡ 写成类似倒垂的"毛" ⚡ 。隶化后楷书帚将篆文字形中的"又" ⚡ 写成"彐" ⚡ ，将篆文字形中的倒垂的毛状 ⚡ 写成帀。当金文 ⚡ 加 ⌐ ，强调扎紧。"帚"的异体字"箒"加"竹"，表示由细竹枝捆扎成的扫地工具。古籍多以"帚"代替"箒"。

附文言版《说文解字》：帚，粪也。从又持巾埽冂内。古者少康初作箕、帚、秫酒。少康，杜康也，葬长垣。

附白话版《说文解字》：帚，扫除垃圾。字形采用"又、巾、冂"会义，表示一人手持布巾在冂内擦扫。古昔时代的少康发明了箕、帚、秫酒。少康，就是人们学说的杜康，葬在开垣。

『说文解字注』

(帚)所粪也。所二字浅人删之。今补。粪当作 mu。土部曰，埽除也。不言埽言者、亦埽也。曲礼言粪。少仪曰。泛埽曰埽。埽度前曰拚。拚卽之叚借字。与埽对文则二。散文则一。帚亦谓之鬣。从又持巾埽内。旧作冂。非。今按当作郊字。音局。介也。凡埽除以洁清介内。持巾者、埽之事。昉于拂拭。因巾可拭物。乃用？芳黍？为帚拂地矣。合三字会意。支手切。三部。古者少康初作箕帚秫酒。太平御览云。世本曰。少康作箕帚。又云。世本曰。仪狄始作酒醪。变五味。少康作秫酒。按许酒下亦曰。古者仪狄作酒醪。杜康作秫酒。少康、杜康也。葬长垣。嫌少康卽夏少康。故释之。文注引王着与杜康绝交书曰。康字仲宁。或云黄帝时宰人。号酒泉太守。按此盖以文为戏之言。未可为典要。

详细字义

◎帚

箒 z h ǒ u

〈名〉

（1）（象形。甲骨文字形，象扫帚形。本义：扫帚）同本义 ［b r o o m］

（2）又如：笤帚（扫帚）；帚卜（吴中旧俗，妇女于正月灯节用裙束破帚以占事）

汉英互译

◎帚

b r o o m

E n g l i s h

broom, broomstick

《周易》第十六卦豫雷地豫震上坤下

豫：利建侯行师。

象曰：豫，刚应而志行，顺以动，豫。豫，顺以动，故天地如之，而况建侯行师乎？天地以顺动，故日月不过，而四时不忒；圣人以顺动，则刑罚清而民服。豫之时义大矣哉！

象曰：雷出地奋，豫。先王以作乐崇德，殷荐之上帝，以配祖考。

初六：鸣豫，凶。象曰：初六鸣豫，志穷凶也。

六二：介于石，不终日，贞吉。象曰：不终日，贞吉；以中正也。

六三：盱豫，悔。迟有悔。象曰：盱豫有悔，位不当也。

九四：由豫，大有得。勿疑。朋盍簪。象曰：由豫，大有得；志大行也。

六五：贞疾，恒不死。象曰：六五贞疾，乘刚也。恒不死，中未亡也。

上六：冥豫，成有渝，无咎。象曰：冥豫在上，何可长也。

陈翼云曰：

帚卦意为山下有墓也[90]。

非吉兆。

---

[90] 古人以山为墓，称为陵。《说文解字》大阜为陵。

如山如阜,如冈如陵。——《诗·小雅·天保》

殽有二陵焉。——《左传·僖公三十二年》

陵阜陆墐。——《国语·齐语》

鸿渐于陵。——《易·渐卦》

四十九、易卦（同周易大有卦）

易

甲骨文	金文	篆文	隶书	楷书		

字源解说

"易"是"锡"的本字。易，甲骨文像将一个有抓柄的器皿中的液体，倒入另一个没有抓柄的器皿中。简体甲骨文将带握柄的器皿简写成勺具形状，将倾注的液体形状简写成，表示用勺具将金属熔液浇铸到器皿坯模中。锡的熔点低，是铸器的好材料，古人发现"熔锡铸器"，好操作，不费事，遂以铸锡为易。造字本义：将容器中低熔点的锡注入模具，铸造新器皿。金文像一个有手把的盛器里装着锡液（水），字形进一步简化。有的金文将盛器形状简化成了不知所云的，并误将抓柄形状写成了似"日"非"日"的形状。篆文则将金文字形中模糊不清的写成明确的"日"形，至此"易"的字形中，器皿、手把、熔液等形象特征消失，以致篆文、隶书字形费解。当"易"的"低熔点金属"本义消失后，篆文再加"金"另造"锡"代替。

附文言版《说文解字》：易，蜥易，蝘蜓，守宫也，象形。《秘书》说：日月为易，象阴阳也。一曰从勿。凡易之属皆从易。

附白话版《说文解字》：易，蜥易，又叫蝘蜓、守宫。字形像蜥易之形。《秘书》上说，日、月二字合成"易"，象征阴阳的变易。另一种说法认为，"易"采用"旗勿"的"勿"作边旁。所有与易相关的字，都采用"易"作边旁。

『说文解字注』

(易)蜥易、蝘蜓、守宫也。虫部蜥下曰。蜥易也。蝘下曰。在壁曰蝘蜓。在艸曰蜥易。释鱼曰。荣螈、蜥蜴。蜥蜴、蝘蜓。蝘蜓、守宫也。郭云。转相解。博异语、别四名也。方言曰。守宫、秦晋西夏谓之守宫。或谓之蠦。或谓之蜥蜴。其在泽中者谓之易蜴。南楚谓之蛇医。或谓之蝾螈。东齐海岱谓之蜥？。北燕谓之祝蜓。桂林之中守宫大者而能鸣。谓之蛤解。按许举其三者、略也。易本蜥易。语言假借而难易之义出焉。郑氏赞易曰。易之为名也。一言而函三义。简易一也。变易二也。不易三也。

按易象二字皆古以语言假借立名。如象卽像似之像也。故许先言本义。而后引秘书说。云秘书者、明其未必然也。象形。上象首、下象四足。尾甚微、故不象。羊益切。十六部。古无去入之分。亦以豉切。今俗书蜥易字多作蜴。非也。按方言。蜥易、其在泽中者谓之易蜴。郭云。蜴音析。是可证蜴卽蜥字。非羊益切。小雅。胡为虺蜴。毛传曰。蜴、螈也。释文。蜴星历反。字又作蜥。说文引诗正作蜥。毛语正与方言合。方言。易蜴、南楚谓之蛇医。或谓之蝾螈。谓在泽中者也。螈卽虫部之蚖字。蛇医也。陆玑云。蜴一名蝾螈。水蜴也。或谓之蛇医。如蜥易。然则蜥易者统名。倒言易蜥及单言蜥者、别其在泽中者言也。秘书说曰。

日月为易。秘书谓纬书。目部亦云。秘书瞋从戌。按参同契曰。日月为易。刚柔相当。陆氏德明引虞翻注参同契云。字从日下月。象龠易也。谓上从日象阳。下从月象阴。纬书说字多言形而非其义。此虽近理。要非六书之本。然下体亦非月也。一曰从勿。又一说从旗勿之勿。皆字形之别说也。凡易之属皆从易。

详细字义

◎易 yì

〈动〉

（1）（象形。本义：蜥易）

（2）换，交换 [exchange]

寒暑易节。——《列子·汤问》

寡人欲以百里之地易安陵。——《战国策·魏策》

以大易小。

弗敢易。

易寡人之璧。——《史记·廉颇蔺相如列传》

楚人围宋，易子而食。——《左传·哀公八年》

移风易俗。——李斯《谏逐客书》

贵人过而见之，易之以百金，献诸朝。——明·刘基《郁离子·千里马篇》

（3）又如：易筋经（讲武术的书，托名南朝梁代达摩和尚所作）；易箦（换竹席。比喻行将死亡）；易货（交换货物）；易地（互换所处的地位；交换土地）；易身（换位）

（4）改变，更改 [change]

狱词无易。——清·方苞《狱中杂记》

（5）又如：易字（改换名字）；易箦（更换竹席）；易辙（改变行车道路）；易心（改变心志；改变想法）；易初（改变初衷）；易革（改革，变革）；易节（改变气节操守）

（6）替代 [replace]

上古穴居而野处，后世圣人易之以宫室。——《易·系辞下》

北都政变，以暴易暴者数矣！——章炳麟《致段祺瑞书》

（7）又如：易代（更换朝代）

（8）蔓延；传播 [spread]

绝其本根，勿能使能殖，畏其易也。——《东观汉记》

（9）又如：易种（蔓延其种）

（10）治，整治

易其田畴，薄其税敛，民可使富也。——《孟子》

（１１）轻视。含有"不以为意"的意思

易慢之心入之矣。——《礼记·乐记》。注："易，轻易也。"

是于圣人也，胥易技艺。——《庄子·应帝王》。释文引崔注："易，相轻易也。"

易者使倾。——《易·系辞下》。注；"易，慢易也。"

吏民慢易之。——《汉书·王嘉传》

寄伪儿啼，恐栗，为儿状。贼易之，对饮酒，醉。——唐·柳宗元《童区寄传》

是以古之易财，非仁也，财多也。——《韩非子·五蠹》

词性变化

◎易 ｙì

〈形〉

（１）容易。与"难"相对 ［ｅａｓｙ］

贵货而易土。——《国语·晋语七》

不庄不敬而易慢之心入之矣。——《礼记·乐记》

物幽兴易惬，事胜趣弥浓。——唐·岑参《秋夜宿仙游寺南》

事有难易。——清·彭端淑《为学一首示子侄》

学有难易。

（２）又如：易与（容易对付）；易可（容易）；易人（可以轻易对付的人）；易易（极容易）；易如反掌

（３）简易，简省

栾范易行以诱之。——《左传》

（４）平坦 ［ｌｅｖｅｌ］

羁坚辔，附易路。——《文选·枚乘·七发》

（５）又如：易野（平坦的原野）；易道（平路）；易地（平地）

（６）平易。如：易直（平易正直）

（７）和蔼。如：易恬（和悦恬淡）；易中（和悦其心）

◎易 ｙì

〈名〉

（１）古代指阴阳变代消长的现象 ［ｃｈａｎｇｅ］

王者乘时，圣人乘易。——《管子》

（2）古代卜筮书，包括《连山》、《归藏》、《周易》，合称三易 [d i v i n a t i o n b o o k]

（3）《周易》的简称 [t h e　B o o k　o f　C h a n g e s]

《易》，书名也。其卦本伏羲所画，有交易、变易之义，故谓之《易》。——朱熹《周易本义序》

本之易。——唐·柳宗元《柳河东集》

（4）又如：《易》之八像（《易经》中用八种符号（八卦）代表八种自然界中的现象）

（5）古代占卜官名 [d i v i n a t i o n　o f f i c e r]

昔者圣人建阴阳天土之情，立以为《易》，易抱龟南面，天子卷冕北面。——《礼记》

（6）卜筮之象，古代以示吉凶祸福 [d i v i n a t i o n　n i m a g e]

卜易、谈星、看相…晚生都略知道一二。——《儒林外史》

（7）弹奏弦乐器拽法之一，即中指向外，拨动琴弦 [o n　e o f　i n g e r i n g]

（8）通"埸"。边界 [b o r d e r]

观国之治乱臧否，至于疆易而端已见矣。——《荀子·富国》

六五，丧羊于易，无悔。——《易·大壮》

殖于疆易。——《汉书·食货志上》

吾易久远。——《汉书·礼乐志》

（9）州名。治所在今河北省易县

（10）易水的简称 [Y i R i v e r]。在现在河北省西部，发源于易县，在定兴县汇入南拒马河

秦兵旦暮渡易水。——《战国策·燕策》

易，出代州，经保定之易州、安州至高阳，下与曹、徐、滋、沙诸河合。——明·徐向志《读书札记》

（11）姓

汉英互译

◎易

amiable　　change　　easy
exchange
English

change;　easy

第十四卦大有火天大有离上乾下

大有：元亨。彖曰：大有，柔得尊位，大中而上下应之，曰大有。其德刚健而文明，应乎天而时行，是以元亨。

象曰：火在天上，大有；君子以竭恶扬善，顺天休命。

初九：无交害，匪咎，艰则无咎。象曰：大有初九，无交害也。

九二：大车以载，有攸往，无咎。象曰：大车以载，积中不败也。

九三：公用亨于天子，小人弗克。象曰：公用亨于天子，小人害也。九四：匪其彭，无咎。象曰：匪其彭，无咎；明辨晰也。

六五：厥孚交如，威如；吉。象曰：厥孚交如，信以发志也。威如之吉，易而无备也。

上九：自天佑之，吉无不利。象曰：大有上吉，自天佑也。

陈翼云曰：

易卦，意为天赐之火。

近人解释"易"为"日月"，为"变易"，为"不易"。皆谬误，易为赐也。易为锡的本字。锡者，赐也[91]。

上予下曰赐。

---

[91] 赐，予也。释诂。赍贡锡畀予况赐也。七字转注。凡经传云锡者、赐之假借也。公羊传曰。锡者何。赐也。赐者、与之通称。禹贡。纳锡大龟。乃下与上之词。又玉藻言赐君子、与小人者、别言之。统言则不别也。方言曰。赐、尽也。此借赐为澌。澌、尽也。尽之字俗作儩。从贝。易声。斯义切。十六部。

五十、 光卦（同周易鼎卦）

光

甲骨文	金文	氏文	字书	楷书	行书	隶书	为隶十年

字源解说

光，甲骨文 ⁑=⁑（火炬） +⁑（人），字形像蹲跪着的人 擎着火炬，高过头顶。造字本义：古代提供照明的、由奴隶手举的火把。金文 将火炬简化成 。有的金文 将火炬 进一步抽象化。篆文 略有变形。隶书 将篆文的"火" 变形为 ，将篆文的"人" 变形为 几。

附文言版《说文解字》：光，明也。从火在人上，光明意也。

附白话版《说文解字》：光，明亮。字形采用"火"作边旁，像火把在人的上方，光明的意思。

『说文解字注』

(光)朙也。左传周内史释易观国之光曰。光、远而自他有耀者也。从火在儿上。光朙意也。说会意。目在儿上则为见。气在儿上则为欠。口在儿上则为兄。皆同意。古皇切。十部。

 古文。

 (炗)古文。庶字从此会意。

◎光 g u ā n g〈名〉

（1）（会意。甲骨文字形，"从火，在人上"。本义：光芒，光亮）

（2）同本义［l i g h t；r a y］

光，明也。——《说文》

光，晃也，晃晃然也。亦言广也，所照广远也。——《释名·释天》

与日月兮齐光。——《楚辞·九歌·云中君》

能游冥冥者与日月同光。——《淮南子·俶真》

日月淑清而扬光。——《淮南子·本经》

国之光。——《易·观》

夜未央，庭燎之光。——《诗·小雅·庭燎》

推此志也，虽与日月争光可也。——《史记·屈原列传》

光远而自他有耀者也。——《左传·庄公二十二年》

光明之耀也。——《国语·晋语》

容光必照焉。——《孟子》

山有小口，仿佛若有光。——晋·陶渊明《桃花源记》

有红光一缕起土桥，直射城西。——清·邵长蘅《阎典史传》

（3）又如：阳光；灯光；反光（反射的光线）；色光（带颜色的光）；晨光（清晨的太阳光）；曙光（清晨的日光）；光晃（光芒闪烁）

（4）色泽；光彩［ｃｏｌｏｒ　ａｎｄ　ｌｕｓｔｒｅ］

妾有绣腰襦，葳蕤自生光。——《玉台新咏·古诗为焦仲卿妻作》

蛾脸不舒，中袖无光。——唐·李朝威《柳毅传》

（5）又如：丝光；油光（光亮润泽）；光色（光彩色泽）；砑光

（6）荣耀；昭著［ｈｏｎｏｒ；　ｇｌｏｒｙ］

邦家之光。——《诗·齐风·南山有台》

连我脸色都无光了。——《儒林外史》

士之处世，而望名誉之光，道德之行，难已。——唐·韩愈《原毁》

（7）又如：为国争光；沾光；光宠（光荣；增光）；光国（为国争光）；光天（光辉达于天下）；光隆（光辉隆盛）；光烂（光辉明亮）；光晶（光辉）；光赫（光辉显赫）

（8）光阴，时光［ｔｉｍｅ］

始屏忧以愉思，乐兹情于寸光。——南朝宋·鲍照《观漏赋》

（9）又如：寸光（短暂的光阴）；光阴荏苒（时光一天一天地逝去。荏苒：［时间］渐渐过去）；光景如梭（光阴如梭。形容时间过得很快）；光阴拈指（阳光在弹指间逝去。形容时间过得很快）

（10）景色［ｓｃｅｎｅｒｙ］

上下天光，一碧万顷。——宋·范仲淹《岳阳楼记》

（11）又如：风光；山光

（12）恩惠；好处。如：叨光；沾光；借光

（13）特指日、月、星辰等天体［ｓｕｎ，　ｍｏｏｎ，　ｓｔａｒ］。如：光岳（天地。光：星辰。岳：河山）

（14）称人来访的敬词

四位老先生，今日光顾小园，老夫有何德能？——明·桑绍良《独乐园司马入桐》

词性变化

◎光ｇｕāｎｇ〈形〉

（1）光明，明亮 [bright]

宝剑直千金，被服光且鲜。——三国蜀·曹植《名都篇》

（2）又如：光净（明亮洁净）；光朗朗（光亮）；光眼（大而有神的眼）；光灯（明亮的灯火）；光润（光亮润泽）

（3）光滑 [smooth]

白沙青石光无泥。——唐·杜甫《中丞严公雨垂寄见忆一绝奉答二绝》

（4）又如：这种纸很光；磨光；光出律（光滑）；光碌碌（光圆滚动的样子）；光圆（光滑圆溜）；光油油（光滑明亮）

（5）裸露 [naked; bare]

光头圆脑作僧看。——宋·郑清之《咏茄》

（6）又如：光出溜（光秃）；光塌塌（光秃秃的样子）；光板板（平而裸露的）

（7）空，净尽。如：当光；赔光；输光；吃光；光鞑刺（方言。空荡荡；空旷无物）

（8）通"广"（guǎng）。广大，宽阔 [vast]

光被四表，格于上下。——《书·尧典》

昔武王克商，光有天下。——《左传·昭公二十八年》

（9）又如：地光（地域广大）

◎光 guāng〈动〉

（1）照耀 [shine; illuminate]

惟公德明光于上下。——《书·洛诰》

（2）又如：光烛（照耀）

（3）增辉，发扬光大 [glorify]

诚宜开张圣听，以光先帝遗德，恢弘志士之气。——诸葛亮《出师表》

（4）又如：光宗耀祖；光国（为国争光）；光德（显扬有德之人）；光价（显扬其身价）；光演（光大延续）；光昌（显扬昌盛）；光前（光大前人的功业）

◎光 guāng〈副〉

仅仅，单。如：不光为我，也是为他；要为集体着想，不能光考虑个人

汉英互译

◎光
light　　　ray　　　honour
English

light, brilliant, shine;
only

第五十卦鼎火风鼎离上巽下

鼎：元吉，亨。

象曰：鼎，象也。以木巽火，亨饪也。圣人亨以享上帝，而大亨以养圣贤。巽而耳目聪明，柔进而上行，得中而应乎刚，是以元亨。

象曰：木上有火，鼎；君子以正位凝命。

初六：鼎颠趾，利出否，得妾以其子，无咎。象曰：鼎颠趾，未悖也。利出否，以从贵也。

九二：鼎有实，我仇有疾，不我能即，吉。象曰：鼎有实，慎所之也。我仇有疾，终无尤也。

九三：鼎耳革，其行塞，雉膏不食，方雨亏悔，终吉。象曰：鼎耳革，失其义也。

九四：鼎折足，覆公□，其形渥，凶。象曰：覆公束，信如何也。

六五：鼎黄耳金铉，利贞。象曰：鼎黄耳，中以为实也。

上九：鼎玉铉，大吉，无不利。象曰：玉铉在上，刚柔节也。

陈翼云曰：

光卦，意为火之至矣。

五十一、九卦（同周易咸卦）

九

甲骨文	金文	篆文	隶书	楷书	行书	草书	标宋简体
							九

字源解说

九，甲骨文 是"厷"（肱、臂）与"又"（抓、掏）的组合，表示伸出手掏摸、探究，力求确定内部情况。造字本义：伸手往洞里掏摸、试探，以求确定情况。金文 承续甲骨文字形。篆文 淡化了手形。当"九"的"掏摸、力求确定情况"的本义消失后，篆文再加"穴"（未知空间）另造"究"代替。

附文言版《说文解字》：九，阳之变也。象其屈曲究尽之形。凡九之属皆从九。

附白话版《说文解字》：九，阳的最大变数。字节像事物曲折变化直至穷尽的样子。所有与九相关的字，都采用"九"作边旁。

『说文解字注』

(九)易之变也。列子、春秋露、白虎通、广雅皆云。九、究也。象其屈曲究尽之形。许书多作诘诎。此云屈曲。恐后人改之。举有切。三部。凡九之属皆从九。

详细字义

◎九 jiǔ

[数]

（1）（指事。本义：数词。比八大一的基数）

（2）同本义 [ｎｉｎｅ]

古人造字以纪数，起于一，极于九，皆指事也。二三四为积画，余皆变化其体。——朱骏声《说文通训定声》

乾玄用九，乃见天则。——《易·文言》传

九者，阳之数，道之纲纪也。——《楚辞·九辨》序

天道以九制。——《管子·五行》

（3）又如：九伯（宋时把痴傻人叫九伯。也写作"九百"）；小九九（珠算的乘法口诀；方言中比喻算计）；九九（算法名。称一至九每二数相乘之数为九九；九的自乘数）；九地（九种土地）

（4）第九 [ｎｉｎｔｈ]

（5）可数序列中第八加一的序数。如：九连

（6）《周易》以阳爻为九

初九，潜龙勿用。——《易·乾》

（7）泛指多数，数量大 [ｍａｎｙ]

九设攻城之机变。——《墨子·公输》

墨子九距之。

九令诸侯。——《史记·货殖列传》

宏兹九德。——唐·魏征《魏郑公文集·谏太宗十思疏》

（8）又如：九译（言语不通，多次辗转翻译）；九华（繁多而色彩缤纷）；九盘（形容道路的弯弯曲曲）；九采（各诸侯国；各种色彩）。又指极数，凡数之指其极者，皆可称之为九，不必泥于实数。如：九幽（极遥远幽深的地方）；九曲肠（喻无限忧思）；九幽（极深暗的地方）；九幽狱（最深的地狱）

（9）〈形〉通"久"。时间长

黄軦生乎九猷。——《庄子·至乐》。《释文》：九宜为久；久，老也。猷，虫名也。

食醯黄軦（ｋｕàｎｇ黄軦，虫名）生乎九猷。——《列子·天瑞》

词性变化

◎九 j i ǔ〈名〉

（1）九月［S e p t e m b e r］

七、八、九三个月

（2）时令名。从冬至起每九天为一"九"。如：今日进九；数九寒天；九尽寒尽。如：九九（自冬至次日起数，每九天为一九，共历八十一日，称为九九）

（3）古国名［J i u s t a t e］。今河北省临漳县西南

〈动〉

通"鸠"。纠合，聚集［g a t h e r］

九杂天下之川。——《庄子·天下》

E n g l i s h

N i n e

《周易》第三十一卦咸泽山咸兑上艮下

咸：亨，利贞，取女吉。

彖曰：咸，感也。柔上而刚下，二气感应以相与，止而说，男下女，是以亨利贞，取女吉也。天地感而万物化生，圣人感人心而天下和平；观其所感，而天地万物之情可见矣！

象曰：山上有泽，咸；君子以虚受人。

初六：咸其拇。象曰：咸其拇，志在外也。

六二：咸其腓，凶，居吉。象曰：虽凶，居吉，顺不害也。

九三：咸其股，执其随，往吝。象曰：咸其股，亦不处也。志在随人，所执下也。

九四：贞吉悔亡，憧憧往来，朋从尔思。象曰：贞吉悔亡，未感害也。憧憧往来，未光大也。

九五：咸其脢，无悔。象曰：咸其脢，志末也。

上六：咸其辅，颊，舌。象曰：咸其辅，颊，舌，滕口说也。

五十二、亨卦（同周易井卦）

亨

字源解说

"享"与"亨"本同源，后转注成两个不同的字。亨，甲骨文像祭祖的庙宇。金文、篆文基本承续甲骨文字形。有的篆文（庙宇）（倒写的"向"，表示阴间），强调贡奉给阴间祖先受用。造字本义：在祖庙摆放祭品供神灵祖先受用。隶书将篆文的简化成，将篆文的简化成"了"。

附《正韵》：亨，通也（白话：亨，万事通达）。

《易•乾•文言》：亨者，嘉之会也（白话：亨，集福集祥）。

【子集上】【亠部】亨•康熙笔画：7　•部外笔画：5

〔古文〕亯《广韵》《集韵》《韵会》《正韵》虚庚切，音哼。通也。《易·乾·文言》亨者，嘉之会也。

又《唐韵》《集韵》许两切，同享。《易·大有》公用亨于天子。

又《唐韵》《正韵》普庚切，同烹。《易·鼎卦》大亨以养圣贤。《诗·豳风》七月亨葵及菽。《周礼·秋官·小司》凡禋祀五帝，实镬水纳亨亦如之。《注》致牲也。

又《韵补》叶铺郎切，音镑。《诗·小雅》或剥或亨，叶下将强。

又《史记·韩信传》狡兔死，猎狗亨。高鸟尽，良弓藏。敌国破，谋臣亡。◎按古惟亨字兼三义，后加一画，作享献之享，加四点作烹饪之烹，今皆通用。

考证：〔《周礼·秋官·小司》凡禋祀五帝，实镬水纳亨。〕 谨照原文纳亨下增亦如之三字，以足文义。〔按古惟亨字兼三义，后加一画，作享献之亨。〕谨按文义享献之亨谨改为享献之享。

详细字义

◎亨 hēng 〈形〉

（1）（象形。金文字形，象盛祭品之器形。小篆作"亯"，隶书写作"亨"、"享"，三字其实是同一个字。本义：献。引申义：通达）

（2）同引申义 [go smoothly；be prosperous]

品物咸亨。——《易·坤卦》

（3）又如：亨达（通达顺利）；亨屯（通达与困厄）；亨泰（亨通安泰）；亨运（亨通的世运）；亨畅（通畅；昭明）

（4）顺利，有利于取得成功 [prosperous]

夫修道者，度其时而动。动而不时，焉得亨乎？——《后汉书》

我心终不死，金石贯以诚。此诚患不立，虽困道亦亨。——唐·元稹《思归乐》

词性变化

◎亨 hēng〈名〉

（1）电感实用单位亨利的简称［henry］

（2）姓

English

smoothly, progressing, no trouble

第四十八卦井水风井坎上巽下

井：改邑不改井，无丧无得，往来井井。汔至，亦未繘井，羸其瓶，凶。

彖曰：巽乎水而上水，井；井养而不穷也。改邑不改井，乃以刚中也。汔至亦未繘井，未有功也。羸其瓶，是以凶也。

象曰：木上有水，井；君子以劳民劝相。

初六：井泥不食，旧井无禽。象曰：井泥不食，下也。旧井无禽，时舍也。

九二：井谷射鲋，瓮敝漏。象曰：井谷射鲋，无与也。

九三：井渫不食，为我民恻，可用汲，王明，并受其福。象曰：井渫不食，行恻也。求王明，受福也。

六四：井甃，无咎。象曰：井甃无咎，修井也。

九五：井冽，寒泉食。象曰：寒泉之食，中正也。

上六：井收勿幕，有孚无吉。象曰：元吉在上，大成也。

陈翼云曰：

亨卦，意为祷告上天，不可前行也。

古人以亨为享，加四点为烹。祭祀必以牺牲为享[92]。

---

[92] 此为至极，隐忧。意如《诗经·国风·邶风·柏舟》。

戊，甘卦始，计十二卦

五十三、甘卦（同周易中孚卦）

甘

字源解说

"甘"是"甜"的本字。甘，甲骨文 ⊟ 在"口"凵（嘴、舌）中加一短横指事符号 ━，指事符号代表口腔内的舌头或嘴部的动作，整个字形表示用口、舌品尝美味。造字本义：用口舌品尝美味。金文 ⊟、篆文 ⊟ 承续甲骨文字形。隶书 甘 误将篆文的"口"凵 写成"甘"廿，导致字形面目全非。当"甘"逐渐书面化后，籀文 再加"舌" 另造"甜"代替。"甘"作为形容词与"甜"同义，但"甘"多用于书面语境，"甜"多用于口语语境。

附文言版《说文解字》：甘，美也。从口，含一。一，道也。凡甘之属皆从甘。

附白话版《说文解字》：甘，味美。字形采用"口"作边旁，像口中含一。"一"，是"道"的意思。所有与甘相关的字，都采用"甘"作边旁。

『说文解字注』

(甘)美也。羊部曰。美、甘也。甘为五味之一。而五味之可口皆曰甘。从口含一。一、道也。食物不一。而道则一。所谓味道之腴也。古三切。古音在七部。凡甘之属皆从甘。

详细字义

◎甘 gān 〈形〉

（1）（会意兼指事。小篆从口，中间的一横象口中含的食物，能含在口中的食物往往是甜的、美的。汉字部首之一，从"甘"的字往往与"甜"、"美味"有关。本义：味美）

（2）同本义 [delicious]

甘，美也。——《说文》

稼穑作甘。——《书·洪范》

何向者视渡老人之芋之香而甘也！——清·周容《芋老人传》

退而甘食其土之有，以尽吾齿。——唐·柳宗元《捕蛇者说》

（3）又如：甘肥（味美香浓的食品）；甘味（甘肥。美味）；甘膳（珍馐美味）；甘馨（美味佳肴）

（4）甜 [sweet]

辛甘行些。——《楚辞·招魂》

开明北又有甘水。——《山海经·海内西经》

吾闻井以甘竭，李以苦存，夫差以酏酒亡，而勾践以尝胆兴，无亦犹是也夫？——明·刘基《苦斋记》

（5）又如：甘醴（甘甜美味的酒）；甘豆羹（一种甜豆羹）；甘瓠（甘甜可食的瓠瓜）；甘木（所结果实甜美的果树）；甘辛（甜而微辣）

（6）[言词]甜蜜动听的 [honey]

今币重而言甘，诱我也。——《左传·昭公十一年》

门者故不入，则甘言媚词，作妇人状，袖金以私之。——明·宗臣《报刘一丈书》

（7）好，及时 [good]

以祈甘雨，以介我稷黍。——《诗·小雅·甫田》

（8）又如：甘泽（甘霖，甘雨）；甘澍（甘雨）；甘膏（甘雨，膏雨）；甘霈（甘雨）

（9）甘愿；乐意

予本非文人画士，甘受诟厉，辟病梅之馆以贮之。——清·龚自珍《病梅馆记》

等于己者，狎之而不甘问焉。——清·刘开《问说》

（10）又如：不甘落后；甘分（甘心于本分）；甘伏（甘心降伏）；甘罪（自愿承担罪过）

汉英互译

◎甘

p l e a s a n t   s w e e t

E n g l i s h

---

s w e e t n e s s ;   s w e e t ,   t a s t y

《周易》第六十一卦中孚风泽中孚巽上兑下

中孚：豚鱼吉，利涉大川，利贞。

彖曰：中孚，柔在内而刚得中。说而巽，孚，乃化邦也。豚鱼吉，信及豚鱼也。利涉大川，乘木舟虚也。中孚以利贞，乃应乎天也。

象曰：泽上有风，中孚；君子以议狱缓死。

初九：虞吉，有他不燕。象曰：初九虞吉，志未变也。

九二：鸣鹤在阴，其子和之，我有好爵，吾与尔靡之。象曰：其子和之，中心愿也。

六三：得敌，或鼓或罢，或泣或歌。象曰：可鼓或罢，位不当也。

六四：月几望，马匹亡，无咎。象曰：马匹亡，绝类上也。

九五：有孚挛如，无咎。象曰：有孚挛如，位正当也。

上九：翰音登于天，贞凶。象曰：翰音登于天，何可长也。

五十四、元卦（同周易家人卦）

元

甲骨文	金文	楚系	篆书	楷书	草书	行书	标准宋体

字源解说

元，甲骨文（二，即"上"）＋（人），表示人之上的混沌太空。造字本义：名词，天地之始，混沌太初。金文、篆文承续甲骨文字形。隶书将篆文字形中的"人"写成"儿"。在古籍中，"元"和"原"都有时空上起始、最初的意思："元"侧重于抽象、整体的起始；"原"侧重于个体、具象的起始。古籍有时将"元"与"原"相互假借。

附文言版《说文解字》：元，始也。从一从兀。

附白话版《说文解字》：元，起始。字形采用"一、兀"会义。

『说文解字注』

(元)始也。见尔雅释诂。九家易曰。元者、气之始也。从一。兀声。徐氏锴云。不当有声字。以髡从兀声、从元声例之。徐说非。古音元兀相为平入也。凡言从某某声者。谓于六书为形声也。凡文字有义有形有音。尔雅已下、义书也。声类已下、音书也。说文、形书也。凡篆一字、先训其义。若始也、颠也是。次释其形。若从某、某声是。次释其音。若某声及读若某是。合三者以完一篆。故曰形书也。愚袁切。古音第十四部。

详细字义

◎元 yuán〈名〉

（1）（会意。从一，从兀。甲骨文字形。象人形。上面一横指明头的部位。上一短横是后加上去的，依汉字造字规律，顶端是一横的，其上可加一短横。本义：头）

（2）同本义 [head]

元，始也。——《说文》。按，当训首也。

元，体之长也。——《左传·襄公九年》

始加元服。——《仪礼·士冠礼》

狄人归其元。——《左传·僖公三十三年》

归国子之元。——《左传·哀公十一年》

勇士不忘丧其元。——《孟子》

牛曰一元大武。——《礼记·曲礼》。注："头也。"

吐蕃叛换方炽，敬玄失律，审礼丧元，安可更为西方生事？——《新唐书》

（3）又如：元首（头）

（4）天 [Heaven]

执元德于心而化驰若神。——《淮南子·原道》。注："天也。"

（5）又如：元机（天机，指神秘的天意）；元神（天帝，天神）；元父（天帝）；元命（天命）；元天（苍天）

（6）君 [king; emperor]

元首起哉。——《书·益稷》。传："元首，君也。"

元，君也。——《广雅》

故国斜阳草自春，争元作相总成尘。——宋·文天祥《得儿女消息》

（7）又如：元、恺辅舜（传说高辛氏有才子八人，叫"八元"。高阳氏有才子八人，叫"八恺"。八元八恺辅佐虞舜，把政事治理得很好）；元龙（皇帝）；元明（佛教指 [本性] 清净光明）；元后（天子；帝王的嫡妻）

（8）开始；起端 [beginning]

元年者何？君之始年也。——《公羊传·隐公元年》

（9）又如：元始天尊（道教所尊的最高天神。据说他生于太元之先。故名）；元初（起初）；元由（原由。事情的起始和原因）；元因（原因）

（10）根源；根本。如：元本（根本）；元序（最根本的秩序，指礼仪）；元极（万物之本原）

（11）指元气［vitality］。指天地未分前的混沌之气；指人的精神，精气；中医名词，指人体的正气，与"邪气"相对。如：元炁（元气）；元阳（男子的精气）

（12）道家所谓的道［Taoist］

元，无所不在也。人能守元，元则舍之；人不守元，元则舍之。——《子华子·大道》

（13）又如：元神（佛道经过修炼的灵魂。成仙得道的人，其元神可以离开肉体自由来往）；元君（道教对女子成仙者的尊称）；元龙（元阳，道教指"得道"）

（14）指帝王年号

元，宜以天瑞命，不宜以一二数。——《史记》

（15）朝代名。1206年，成吉思汗建蒙古汗国。1271年，忽必烈定国号为元。1279年灭南宋，统一全国，建都大都（今北京）。1368年，朱元璋军攻占大都，元亡。自定国号起，元凡十一帝，历时九十八年

元至正间。——明·高启《书博鸡者事》

（16）又

元政紊弛。

（17）又如：元人百种（书名。即元曲选）

（18）数学名词［term］。数字和若乾字母的有限次乘法运算式中表示，变量的字母称元。如：一元二次方程

（19）民众，百姓［common people］。如：黎元；元元；元元之民（众百姓）

（20）在各国多种硬币中，仿古德国银质硬币塔勒的任何一种硬币［dollar］。如：金元

（21）［量］：中国基本货币单位［yuan］

词性变化

◎元 yuán〈形〉

（1）第一，居首位的 ［ｆｉｒｓｔ；　ｐｒｉｍａｒ
ｙ］

二世元年七月。——《史记·陈涉世家》

天汉元年。——《汉书·李广苏建传》

阳嘉元年。——《后汉书·张衡传》

（2）又如：元题（第一道题）；元辰（元旦；吉日）；
元首（迷信占卜名称之一，六壬课中的第一课，是大吉大利，
如愿的课）；元妃（国君或诸侯的嫡妻）；元子（天子和诸侯
的嫡长子）；元女（长女）

（3）大 ［ｇｒｅａｔ］

夫基事之元命，必与天下自新。颜师古注："元，大
也。"——《汉书》

汉英互译

◎元

ｂｕｃｋ　　　ｄｏｌｌａｒ

Ｅｎｇｌｉｓｈ

ｆｉｒｓｔ；ｄｏｌｌａｒ；ｏｒｉｇｉｎ；ｈｅａｄ

第三十七卦家人风火家人巽上离下

家人：利女贞。

彖曰：家人，女正位乎内，男正位乎外，男女正，天地之大义
也。家人有严君焉，父母之谓也。父父，子子，兄兄，弟弟，
夫夫，妇妇，而家道正；正家而天下定矣。

象曰：风自火出，家人；君子以言有物，而行有恒。

初九：闲有家，悔亡。象曰：闲有家，志未变也。

六二：无攸遂，在中馈，贞吉。象曰：六二之吉，顺以巽也。

九三：家人嗃嗃，悔厉吉；妇子嘻嘻，终吝。象曰：家人嗃
嗃，未失也；妇子嘻嘻，失家节也。

六四：富家，大吉。象曰：富家大吉，顺在位也。

九五：王假有家，勿恤吉。象曰：王假有家，交相爱也。

上九：有孚威如，终吉。象曰：威如之吉，反身之谓也。

五十五、壴卦（音住，同周易益卦）

壴

甲骨文					金文	籀文	篆书	楷书	行书	隶书	草书	计算机字体
壴	壴	壴	壴	壴	壴	壴	缺	壴	缺	缺	壴

字源解说

"壴"是"鼓"的本字。壴，甲骨文（牛）＋（豆，豆状物），表示用牛皮绷裹起来的鼓。有的甲骨文将写成。有的甲骨文将写成。有的甲骨文误将"牛"写成"中"。有的甲骨文在鼓的两侧各加一只手、，表示击鼓。造字本义：名词，用牛皮蒙成的鼓。金文误将甲骨文的"牛"写成。篆文将金文的写成。隶化后楷书壴将篆文的写成"士"。当"壴"作为单纯字件后，甲骨文再加"支"（持械击打）另造"鼓"代替。

附文言版《说文解字》：壴，陈乐，立而上见也。从中从豆。凡壴之属皆从壴。

附白话版《说文解字》：壴，架设击鼓台，将鼓架立起，上端的装饰物就可以看见。字形由"中、豆"会义。所有与壴相关的字，都采用"壴"作边旁。

『说文解字注』

(壴)陈乐立而上见也。谓凡乐器有？者竖之。其颠上出可望见。如诗礼所谓崇牙、金部所谓镈鳞也。厂部曰。丆、岸上见也。亦谓远可望见。从中豆。豆者、竖也。竖、坚立也。豆有骹而直立。故㒷竖从豆。壴亦从豆。中者、上见之状也。屮木初生则见其颠。故从中。中句切。四部。凡壴之属皆从壴。

基本字义

● 壴

z h ù ㄓㄨ ˋ

1．陈列乐器。

2．姓。

第四十二卦益风雷益巽上震下

益：利有攸往，利涉大川。

彖曰：益，损上益下，民说无疆，自上下下，其道大光。利有攸往，中正有庆。利涉大川，木道乃行。益动而巽，日进无疆。天施地生，其益无方。凡益之道，与时偕行。

象曰：风雷，益；君子以见善则迁，有过则改。

初九：利用为大作，元吉，无咎。象曰：元吉无咎，下不厚事也。

六二：或益之，十朋之龟弗克违，永贞吉。王用享于帝，吉。

象曰：或益之，自外来也。

六三：益之用凶事，无咎。有孚中行，告公用圭。象曰：益用凶事，固有之也。

六四：中行，告公从。利用为依迁国。象曰：告公从，以益志也。

九五：有孚惠心，勿问元吉。有孚惠我德。象曰：有孚惠心，勿问之矣。惠我德，大得志也。

上九：莫益之，或击之，立心勿恒，凶。象曰：莫益之，偏辞也。或击之，自外来也。

五十六、火卦（同周易谦卦）

火

甲骨文				金文			篆文	繁书	别书	繁隶一骨
凸	丛	丄	丄	火	火	大	火	大	火	火
甲一·一	甲3·四	怀念期器物	小臣乙·6以器	颂鼎·集郭金文	五祀卫鼎	颂鼎海	汉"石经	封字带	魏·上封拓	小宋之帝

字源解说

火，甲骨文字形凸、丛与"山"凸相似，像地面上的三（多）股腾腾热焰丛。有的甲骨文丄简化了两侧的焰苗，并将火堆丛主焰丄写成"人"形人，字形与篆文的"山"丄相似。造字本义：物体燃烧时产生的光焰。墙盘中"幽"字局部的"火"丄承续甲骨文字形。令鼎中"炎"字局部的"火"丄在三峰焰形丄的基础上加两点指事符号丿丶，表示热焰周围闪烁的星光。拍庶父簋中"庶"字局部的"火"丄将三峰的焰形丄简化成"人"形的一峰形状人，将表示闪烁星光的两点指事符号写成撇丿和捺丶，至此，"火"的字形与"山"的字形才明显区别开来。篆文火承续金文字形。在上下结构的汉字中作偏旁时，"火"被写成"四点底"灬。

附文言版《说文解字》：火，毁也。南方之行，炎而上。象形。凡火之属皆从火。

附白话版《说文解字》：火，可以烧毁一切的东西。五行之中，火代表南方属性，火光熊熊气势向上。字形像火的形象。所有与火相关的字，都采用"火"作边旁。

『说文解字注』

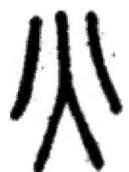

(火)也。各本作毁。今正。下文曰、火也。为转注。南方之行。炎而上。与木曰东方之行、金曰西方之行、水曰北方之行、相俪成文。形。大其下。锐其上。呼果切。古音在十五部。凡火之属皆从火。

详细字义

◎火huǒ〈名〉

（1）（象形。甲骨文字形象火焰。汉字部首之一。本义：物体燃烧所发的光、焰和热）

（2）同本义［ｆｉｒｅ］

火，南方之行也。炎而上，象形。——《说文》

火之为言委随也，故字人散二者为火也。——《春秋·元命苞》

离为火。——《易·说卦》

火水妃也。春秋感情符，火者阳之精也。——《左传·昭公九年》

火，日气也。——《论衡·诘术》

人火曰火，天火曰灾。——《左传·宣公十六年》

（3）又如：火链（旧时打火用的火力）；火厝（火葬）；火筒（烟筒）；火火烛烛（火势很大）；火厄（火灾）；火备（防火设施）

（4）火灾；发生火灾

凡四遭火。——明·归有光《项脊轩志》

（5）又如：火兵（负责救火的兵）；火事（失火事故）；火殃（古时指预兆火灾的天象）；火所（发生火灾的地方）

（6）灯火，指灯烛或火把

江船火独明。——唐·杜甫《春夜喜雨》

拥火以入。——宋·王安石《游褒禅山记》

（7）又如：火鼓（火炬和战鼓）；渔火；火燎（竹烛；火炬）

（8）光芒。如：火眸（火眼金睛）

（9）热；热气 [ｈｅａｔ，ｓｔｅａｍ]。如：火杂杂（形容非常热）；火流（形容酷热）；火风（炎热的风）

（10）五行 [ｆｉｒｅ] ——中国古代哲学的五个基本要素（金、木、水、火、土）之一。如：火欲殂（指汉朝将亡。因古代用五行生克来讲朝代兴亡替代的道理）；火位（五行中火行的方位）

（11）中国古代兵制单位，十人为"火"。

皆解甲，散还火伍中。——柳宗元《段太尉逸事状》

（12）火星之简称。又名大火 [Ｍａｒｓ]。司南方，主夏季。而古恒星之名，心宿二，古称"大火"，亦简称火

七月流火。——《诗·豳风·七月》

大火谓之大辰。——《尔雅·释天》。按："东方之宿三星，中一星色赤而大，故命之曰火。"

（13）又如：金木水火土五大行星；火角（火星芒角）；火官（古时掌祭火星、行火政之官）；火房（火星的分野）

（14）指枪炮弹药 [ｆｉｒｅａｒｍｓ]。如：军火

（15）比喻战争 [ｗａｒ]。如：交火；开火；停火

（16）[中医]：指阳性、热性一类的物象或亢进的状态。如：上火，败火

（17）古时通"伙"。如：火家（伙计帮工）；同火；合火；一火贼；火计（火家。伙计）；火仓（伙食）

词性变化

◎火 ｈｕǒ〈动〉

（1）焚烧；烧毁 [ｂｕｒｎｄｏｗｎ]

火，毁也。——《说文》

火，言毁也，物入中皆毁坏也。——《释名·释天》

（2）又如：火人（以火烧人）；火库（焚烧敌方兵库）；火队（焚烧敌方队伍，以乱其行阵）；火积（焚烧敌方的储备）

（3）用火烧物使熟 [ｃｏｏｋ]。如：火灶（烧火做饭的设备。多以砖坯砌成）

（4）生气。如：他火了；火冒（发火；生气）；火刺刺（发火忿怒的样子）

◎火 h u ǒ〈形〉

（1）形容像火那样的颜色，一般指红色的［ｒｅｄ］

朱鳞火鬣。——唐·李朝威《柳毅传》

（2）又如：火云（红云）；火采（红光）；火狐；火旆（红色的旌旗）；火树（形容开满红花的树）

（3）紧急。如：火匝匝（火杂杂。形容紧张、急迫）；火崩崩（形容十分紧急）；火签（差役办理紧急公务的凭证）；火牌兵符（最紧急的命令；通知）

汉英互译

◎火

ammunition　　　anger　　　fire

English

---

fire,　flame;　burn;　anger

《周易》第十五卦谦地山谦坤上艮下

谦：亨，君子有终。

彖曰：谦，亨，天道下济而光明，地道卑而上行。天道亏盈而益谦，地道变盈而流谦，鬼神害盈而福谦，人道恶盈而好谦。谦尊而光，卑而不可踰，君子之终也。

象曰：地中有山，谦；君子以裒多益寡，称物平施。

初六：谦谦君子，用涉大川，吉。象曰：谦谦君子，卑以自牧也。

六二：鸣谦，贞吉。象曰：鸣谦贞吉，中心得也。

九三：劳谦君子，有终吉。象曰：劳谦君子，万民服也。

六四：无不利，(才为)谦。象曰：无不利，(才为)谦；不违则也。

六五：不富，以其邻，利用侵伐，无不利。象曰：利用侵伐，征不服也。

上六：鸣谦，利用行师，征邑国。象曰：鸣谦，志未得也。可用行师，征邑国也。

五十七、早卦（同周易同人卦）

早

字源解说

屮，既是声旁也是形旁，是"草"的本字，表示禾本植物。早，甲骨文![日]（日，太阳）![屮]（屮，小草），表示草木沐浴在朝阳中。造字本义：红日初升、小草带露的清晨。金文![金文]承续甲骨文字形。篆文![篆文]误将"屮"![屮]（小草）写成"甲"![甲]，使字形复杂化。隶书![隶书]恢复甲骨文字形![早]。日在草上为"早"（朝日初出）；日在树上为"杲"（天色大亮）；日在草中为"莫"------通"暮"（太阳下山）；日在树下为"杳"（天色昏暗）。

附《说文解字》：早，晨也。从日在甲上。

附《说文解字》：早，清晨。字形采用"日、甲"会义，像"日"在"甲"上。

『说文解字注』

(早)也。者、早昧爽也。二字互训。引伸为凡争先之偁。周礼大司徒早物。叚早为草。从日在甲上。甲象人头。在其上则早之意也。易曰。先甲三日。子浩切。古音在三部。

详细字义

◎早 z ǎ o〈名〉

（1）（会意。小篆字形，上面是"日"，下面是"甲"。"甲"的最早写法象"十"，指皮开裂，或东西破裂。"早"即天将破晓，太阳冲破黑暗而裂开涌出之意。本义：早晨）

（2）同本义 [early morning]

早，晨也。——《说文》

晨初为早。——《诗·召南·小星》疏

（3）又如：清早（清晨）；明早（明天早上）；早出晚归（整日在外）；起早贪黑；早天（早晨的天空）；早角（早晨的号角声）；早朝（早晨朝参）；早膳（吃早饭）；早霞（朝霞）；早堂（旧时官府早晨坐衙治事称"早堂"）；大清早

（4）姓

词性变化

◎早 z ǎ o〈副〉

（1）本来；已经 [already]

媳妇儿守寡又早三个年头，服孝将除了也。——关汉卿《窦娥冤》

（2）又如：早来（本是；已经）；早为（已是）

（3）幸亏，幸而。如：早则（幸而；早该；早已）

（4）比一定的时间靠前

晨往，寝门辟矣，盛服将朝。尚早，坐而假寐。——《左传·宣公二年》

早与之绝。——《资治通鉴》

早定大计。

（5）又如：他早走了；早死了；早世（过早地死去；夭死）

◎早 z ǎ o〈代〉

何时；何日 [what time]

山水朝来笑问人："翁早归来也？——宋·辛弃疾《卜算子》

◎早 z ǎ o〈形〉

（1）在平生的早期；在年轻时［ｙｏｕｎｇｌｙ］。
如：曾是一个热情的、早熟的姑娘；早茂（年幼时便才华出众）；早成（人的身心早熟；亦谓年少成熟）；早夭（未成年而死）；早寡（妇女年少丧夫）

（2）特指年幼时［ｙｏｕｎｇ］
早岁那知世事艰，中原北望气如山。——宋·陆游《书愤》诗

（3）又如：早年

汉英互译

◎早
ｅａｒｌｙ　　ｍｏｒｎｉｎｇ
Ｅｎｇｌｉｓｈ

ｅａｒｌｙ；　ｓｏｏｎ；　ｍｏｒｎｉｎｇ

第十三卦同人天火同人乾上离下
同人：同人于野，亨。利涉大川，利君子贞。
彖曰：同人，柔得位得中，而应乎乾，曰同人。同人曰，同人于野，亨。利涉大川，乾行也。文明以健，中正而应，君子正也。唯君子为能通天下之志。
象曰：天与火，同人；君子以类族辨物。
初九：同人于门，无咎。象曰：出门同人，又谁咎也。
六二：同人于宗，吝。象曰：同人于宗，吝道也。
九三：伏戎于莽，升其高陵，三岁不兴。象曰：伏戎于莽，敌刚也。三岁不兴，安行也。
九四：乘其墉，弗克攻，吉。象曰：乘其墉，义弗克也，其吉，则困而反则也。
九五：同人，先号咷而后笑。大师克相遇。象曰：同人之先，以中直也。大师相遇，言相克也。
上九：同人于郊，无悔。象曰：同人于郊，志未得也。

五十八、屮卦（音草，同周易升卦）

中

字源解说

"屮"是"艸"的本字；而"艸"又是"草"的本字。屮，甲骨文字形像刚破土萌发出两瓣叶子的嫩芽。造字本义：地面上片状生长的禾本科植物。金文承续甲骨文字形。有的金文在艸从中加"早"；"早"既是声旁也是形旁，表示日照草地。篆文承续甲骨文和金文字形。当"屮"成为单纯字件后，再加一个"屮"另造会义字代替，字形像两茎四叶的一株草。有的篆文承续金文字形。隶书草将篆文的"艸"写成"艹"；将篆文的早写成早。

附《说文解字》：草，草斗，栎实也。一曰象斗子。从艸早声。

附《说文解字》：草，包裹着籽实的植物壳斗，即栎树的籽实。另一种叫法叫"象斗子"。字形采用"艸"作边旁，"早"作声旁。

『说文解字注』

(草)草、逗。栎实也。一曰象斗。木部。栩也。其皁一曰样。又曰。栩也。又曰。样、栩实也。按此言栎者、即栩也。陆玑云。栩今柞栎也。徐州人谓栎为杼。或谓之栩。其子为皁。或言皁斗。其殻为汁。可以染皁。今京洛及河内多言杼汁。或云橡斗。按草斗之字俗作皁、作皂。于六书不可通。象斗字当从木部作样。俗作橡。从艹。早声。自切。古音在三部。周礼大司徒。其植物宜早物。假借早晚字为之。籀文作。

详细字义

◎草

艹 cǎo 〈名〉

（1）（形声。从艹，早声。小篆艹，象两棵草形，是草的本字。今"草"字系假借字，原是"皁"的本字。《说文》："草，草斗，栎（lì）实也"（栎实：栎树的荚果，即皁角）。借为"草木"之"草"以后，则另造"皁"字来代替。本义：栎实）

（2）草本植物的总称［grass］

艹，百卉也。从二中。会意。经传皆以草为之。汉书多以中为之。——《说文》

大草不生。——《吕氏春秋·任地》。注："草，秽也。"

（3）又如：除草；粮草（军用的粮食和草料）；野草遍地；寸草不留；青草；牧草；茅草；草厅（草堂；厅堂）；草莽（草丛。比喻无用的东西）

（4）指用作燃料、饲料的乾草［hay］

今又盛寒，马无稿草。——《资治通鉴》

（5）又如：草库伦（指围起来的草场）；草料

（6）未开垦过的荒地［wasteland］

垦草创邑，辟地生粟。——《韩非子·外储说》

（7）又如：草甸子（方言。长满野草的低湿地）；草洼（低洼积水，野草丛生的地方）；草间（民间）；草茅危言（百姓对国政的剀切言论。草茅，指在野百姓；百姓论庙堂，恐有危险，故谓危言）

（8）文书的底稿；初稿 [draft]

吴中士人家藏其草。——宋·洪迈《容斋续笔》

（9）又如：草藁（同草稿）；起草；奏草（奏张的草稿）；草本（原稿的底本）

（10）一种书写体。如：章草；狂草；草行（书法中的行书兼草体）

词性变化

◎草cǎo〈形〉

（1）粗糙；粗劣 [rough; coarse]

令人事无大小皆潦草过了。——《朱子类语·训门人》

（2）又如：草略（马虎，疏忽）；草具（粗劣；粗劣的饭食）；草酌（简便的筵席。多用作设宴请客的谦词）；潦草（字不工整；不仔细；不认真）

（3）匆促，急促 [hasty]。如：草蹙（匆促）

◎草cǎo〈动〉

（1）割草，除草 [mow]。如：草薙（芟夷，像除草似的加以杀戮）

（2）创造；创立 [create]

草，造也。——《广雅》

天造草昧。——《易·屯》。虞注："草，草创物也。"

（3）又如：草立（创立）；草昧（创始；草创）；草律（创制法律）

（4）草拟；起稿 [draft]

萧何草律。——《汉书·艺文志》。注："创造之。"

草立土德时历制度。——《汉书·任敖传》。注："创始也。"

召今草檄。——《南史·蔡景立传》

（5）又如：草立（创立）；草制（拟订制书）；草诏（草拟诏书）；草表（草拟章奏）

◎草

騲 cǎo〈名〉

雌马［mare］。也泛指母畜。如：草狗；草騲（牝骡）

汉英互译

◎草

grass   hasty   rough
English

---

grass,   straw,   thatch,   herbs

第四十六卦升地风升坤上巽下

升：元亨，用见大人，勿恤，南征吉。

彖曰：柔以时升，巽而顺，刚中而应，是以大亨。用见大人，勿恤；有庆也。南征吉，志行也。

象曰：地中生木，升；君子以顺德，积小以高大。

初六：允升，大吉。象曰：允升大吉，上合志也。

九二：孚乃利用禴，无咎。象曰：九二之孚，有喜也。

九三：升虚邑。象曰：升虚邑，无所疑也。

六四：王用亨于岐山，吉无咎。象曰：王用亨于岐山[93]，顺事也。

六五：贞吉，升阶。象曰：贞吉升阶，大得志也。

上六：冥升，利于不息之贞。象曰：冥升在上，消不富也。

陈翼云曰：

中卦，山上皆土，风在山下。

---

[93] 岐，《说文》山名。后稷十三世孙古公亶父始居此。《诗·大雅》率西水浒，至于岐下。《一统志》山有两岐，故名。《六书故》一在今凤翔府岐山县，禹贡导岍及岐，是也。

五十九、井卦（同周易既济卦）

井

甲骨文	金文	篆文	隶书	楷书	行书	草书	原始文字	
井	井	丼	井	丼	阱	井	丼	幵	井

字源解说

井，甲骨文 井 像两纵两横构成的方形框架。造字本义：人工开凿的提取地下水、有方形护栏的水坑。金文 井 承续甲骨文字形。有的金文 丼 在方形框架 井 中加一点指事符号，表示坑中有水。篆文 丼 承续金文字形 丼。隶书 井 省去一点指事符号。

附文言版《说文解字》：井，八家一井。象沟韩形瓮之象也。古者伯益初作井。凡井之属皆从井。

附白话版《说文解字》：井，古制八家共汲一井。"井"字像木头纵横构架的形状，像汲瓶的样子。据说古昔时代一个叫伯益的人最早发明了水井。所有与井相关的字，都采用"井"作边旁。

『说文解字注』

(井)八家为一井。谷梁传曰。古者公田为居。井灶葱韭尽取焉。风俗通曰。古者二十亩为一井。因为市交易。故称市井。皆谓八家共一井也。孟子曰。方里而井。井九百亩。其中为公田。此古井田之制。因象井而命之也。象构形。谓井也。井上木阑也。其形四角或八角。又谓之银床。象也。缶部曰。汲缾也。井、子郢切。十一部。古者伯益初作井。出世本。凡井之属皆从井。

详细字义

◎井 jǐng〈名〉

（1）（象形。金文字形，外象井口，中间一点表示井里有水。本义：水井）

（2）同本义 [well]

改邑不改井。——《易·井》

井道。——《易·杂卦》传

宿息井树。——《周礼·野庐氏》。注："井，共饮食。"

为其井匽。——《周礼·官人》

（3）又如：井池（井口旁储水的小池）；井鱼（井中的鱼。比喻见识短浅）；井养（井水源源不断，供人饮用。

（4）形似水井的坑穴。如：井灶（四川、云南等地煎制井盐的工场）；井椁（即椁。因其形方中空似井，故称）；井场（钻井采油的工作场地）

（5）井田 [square-fields]

六里而井，井九百亩，其中为公田，八家皆私百亩，同养公田。——《孟子·滕文公下》

（6）又如：井税（古代田税的一种）；井地（即井田）；井里制（即井田制）；井邑田（即井田）；井径（田间小路）

（7）相传古制八家为井。引申为人口聚居地；乡里；家宅

背井离乡，卧雪眠霜。——马致远《汉宫秋》

（8）又如：井里（邑里，乡里）；井庐（古代井田制，八家共一井，因用以指井田和房舍）；井曲（里巷；里弄）；井屋（农舍，村落）

（9）污水池。如：井匽（排除污水秽物的水池和水沟）

（10）比喻法度；条理

井，法也。节也。言法制居人，令节其饮食，无穷竭也。——《风俗通》

井，共德之地也。——《易·系辞》

井井兮其有理也。——《荀子·儒效》

（11）又如：井井（形容整齐，有条理）；井井有方（形容有条理、有办法）；井井有法（有条理、有法度）；井井有绪（井井有序。有条理，有秩序）

（12）井宿。

（13）市街［street］

处商必就市井。——《管子·小筐》

因井为市，故言市井。——《白虎通》

（14）又如：井邑（市井与乡里）；井市（做买卖的市街。古代因井为市，故称）；井陌（街道）；井闾（里井里巷）

汉英互译

◎井
Well
English

well, mineshaft, pit

第六十三卦既济水火既济坎上离下

既济：亨，小利贞，初吉终乱。

彖曰：既济，亨，小者亨也。利贞，刚柔正而位当也。初吉，柔得中也。终止则乱，其道穷也。

象曰：水在火上，既济；君子以思患而预防之。

初九：曳其轮，濡其尾，无咎。象曰：曳其轮，义无咎也。

六二：妇丧其茀，勿逐，七日得。象曰：七日得，以中道也。

九三：高宗伐鬼方，三年克之，小人勿用。象曰：三年克之，惫也。

六四：（纟需）有衣袽，终日戒。象曰：终日戒，有所疑也。

九五：东邻杀牛，不如西邻之禴祭，实受其福。象曰：东邻杀牛，不如西邻之时也；实受其福，吉大来也。

上六：濡其首，厉。象曰：濡其首厉，何可久也。

六十、 田卦（同周易未济卦）

田

甲骨文	金文	篆文	隶书	楷书	行书	草书	标准字体
田	畾	田	田	田	田	田	田	田

字源解说

田，甲骨文田在一大片垄亩口上画出三横三纵的九个方格，表示阡（竖线代表纵向田埂）陌（横线代表横向田埂）纵横的无数井田。有的甲骨文畾像畸形的地亩。有的甲骨文田将甲骨文字形田中阡陌（无数的纵横田埂）田简化为一纵一横十。造字本义：阡陌纵横的农耕之地。金文田、篆文田承续甲骨文字形。

附文言版《说文解字》：田，陈也。树谷曰田。象四口。十，阡陌之制也。凡田之属皆从田。

附白话版《说文解字》：田，纵横摆列。种谷子的地方叫"田"。象四个"口"。字形中央的"十"，表现的是阡陌纵横的格式。所有与田相关的字，都采用"田"作边旁。

『说文解字注』

(田)敶也。各本作陈。今正。敶者、列也。田与敶古皆音陈。故以韵为训。取其敶列之整齐谓之田。凡言田田者、即陈陈相因也。陈陈当作敶敶。陈敬仲之后为田氏。田即陈字。叚田为陈也。树穀曰田。穜菜曰圃。树果曰园。见口部。象形。各本作象四。今依韵会正。

今人谓为从口从十。非许意也。此象甫田之形。毛公曰。甫田谓天下田也。待年切。古音如陈。十二部。口十、逗。千百之制也。此说象形之恉。谓口与十合之。所以象阡陌之一纵一横也。各本作阡陌。部无此二字。今正。周礼遂人曰。凡治野。夫闲有遂。遂上有径。十夫有沟。沟上有畛。百夫有洫。洫上有涂。千夫有浍。浍上有道。万夫有川。川上有路。以达于畿。百夫之涂谓之为百。千夫之道谓之为千。言千百以包径畛路也。南畮则纵遂横。沟纵洫横。浍纵川横。遂径畛涂道路纵横同之。东畮则横遂纵。沟横洫纵。浍横川纵。径畛涂道路之横纵同之。故十与口皆象其纵横也。阡陌则俗字也。凡田之属皆从田。

详细字义

◎田tián
〈动〉
（1）（象形。小篆认为象阡陌纵横或沟浍四通的一块块农田。"田"是汉字的一个部首，从"田"的字多与田猎耕种有关。本义：种田）
（2）后作"佃"。耕作 [till]
田，树谷曰田。——《说文》
田，种禾稼也。——《一切经音义》引《苍颉》
无田甫田，维莠骄骄。——《诗·齐风·甫田》
令民得田之。——《汉书·高帝纪上》
使各居其宅，田其田。——刘向《说苑》
（3）又如：田戍（屯田戍守）；田作（耕作）；田畜（耕种与畜牧）；田桑（种田和养蚕）；田农（农耕）；田种（耕种）；田穑（耕作）
（4）打猎。后作"畋" [go hunting]
不敢盘于游田。——《书·无逸》
田有禽。——《易·师卦》
叔于田。——《诗·郑风·大叔于田》
宣子田于首山。——《左传·宣公二年》

齐侯游于姑棼，遂田于见丘。——《左传·庄公八年》

焚林而田，偷取多兽，后必无兽。——《韩非子·难一》

焚林而田，竭泽而渔。——《淮南子·本纪》

（5）又如：田弋（打猎）；田犬（猎狗）；田车（打猎用的车子）；田事（狩猎之事）；田具（狩猎用具）；田狩（打猎）；田马（打猎所用的马）；田备（田猎的用具）；田渔（打猎和捕鱼）

词性变化

◎田 tián

〈名〉

（1）农田

已耕者曰田。——《释名·释地》

倬彼甫田。——《诗·小雅·甫田》

大田多稼。——《诗·大雅·大田》

田畴荒芜。——《国语·周语下》

引河水灌民田。——褚少孙《西门豹治邺》

（2）又如：田塍（田间的土埂子）；田舍翁（老农；乡巴佬）；田夫（农民）；田中（田地之中；田野之中）；田宅（田地和房屋）；田阱（田间洼地）；田邑（田野与都邑）；田陂（坡田）；田坪（田野中平坦的场地）

（3）一块蕴藏、出产或生产一种自然资源的土地 [field]。

（4）如：油田；气田；煤田

（5）大鼓 [big drum]

应田县（悬）鼓。——《诗·周颂·有瞽》

（6）人体部位，俗称丹田

寸田尺宅可治生。——张君房《云笈七签》

（7）古代统治者赏赐给亲属臣仆的封地 [fief]

乃宦卿之适子，而为之田，以为公族。——《左传》

（8）古代管理农事的官

后稷为田。——《管子》

汉英互译

◎田

cropland   farmland

English

field,   arableland,   cultiv

ated

第六十四卦未济火水未济离上坎下

未济：亨，小狐汔济，濡其尾，无攸利。

彖曰：未济，亨；柔得中也。小狐汔济，未出中也。濡其尾，无攸利；不续终也。虽不当位，刚柔应也。

象曰：火在水上，未济；君子以慎辨物居方。

初六：濡其尾，吝。象曰：濡其尾，亦不知极也。

九二：曳其轮，贞吉。象曰：九二贞吉，中以行正也。

六三：未济，征凶，利涉大川。象曰：未济征凶，位不当也。

九四：贞吉，悔亡，震用伐鬼方，三年有赏于大国。象曰：贞吉悔亡，志行也。

六五：贞吉，无悔，君子之光，有孚，吉。象曰：君子之光，其晖吉也。

上九：有孚于饮酒，无咎，濡其首，有孚失是。象曰：饮酒濡首，亦不知节也。

六十一、户卦（同周易贲卦）

户

甲骨文	金文	籀文	篆文	楷书	隶书	草书	行书	规范字
	缺							

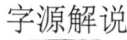字源解说

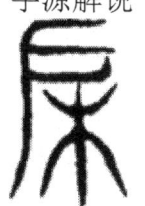

户，甲骨文字形 像一块有转轴的木板，是门 的一半。造字本义：装在建筑出入口、可以开关的单扇门板。一般房间的入口只有单扇门板，大厅的入口才有两扇门板。籀文 有所变形，误将甲骨文"户" 的上格断开写成 ，并加"木" ，强调木质材料。篆文 省去"木"。楷书 将篆文 不完整的小门上格淡化成一短横或一点。

附　文言版《说文解字》：户，護也。半門曰戶。象形。凡戶之屬皆从戶。 ，古文戶从木。

附　白话版《说文解字》：户，可开可关、用以保护家园的活动设置。半边门叫"户"。字形像半边的门板。所有与户相关的字，都采用"户"作边旁。

字形采用"木"作边旁。

详细字义

◎ 户 hù〈名〉

（1） （象形。甲骨文字形，象门（門）字的一半。汉字部首之一。从"户"的多与门户有关。本义：单扇门）

（2） 同本义 [door]

户，半门曰户。——《说文》

一扇曰户，两扇曰门。又在于堂室东曰户，在于宅区域曰门。——《字书》

窥其户。——《易·丰》

设于户西。——《仪礼·聘礼》

未有入室而不由户者。——《礼记·礼器》

木兰当户织。——《乐府诗集·木兰诗》

当户理红妆。

（3） 又如：户下（门边；户住的属下。多指奴婢或门客）；户牡（门钥）；户门（守门的人）；户钥（门上开关的锁钥）

（4） 住户，人家。一家称一户 [family]

其邑人三百户。——《易·讼》

（5） 又如：全户人口；几百户人家；户帖（登记每户人口籍贯、名义的册子）；户版（登记居民户籍的簿册）

（6） 户籍（登记户口的册籍）。如：户版（户籍；户口）；户贯（户籍）

（7） 屋室 [house]

初九，不出户庭，无咎。——《易·节卦·象辞》

不出户知天下。——《老子·四七》

（8）　　出入口　［ｈｏｌｅ］。如：洞户（洞穴，洞口）
（9）　　酒量

酒户年年减，山行渐渐难。——《元稹·春游诗》

（10）　　从事某种职业的人或家庭　。如：猎户，农业户
（11）　　门第　。如：她看来倒是门当户对
（12）　　户头　［ａｃｃｏｕｎｔ］。如：开户
（13）　　洞穴　［ｃａｖｅ］

蛰虫坏户。——《礼记·月令》

［仲春之月］是月也，日夜分，雷乃发声，始电，蛰虫咸动，

词性变化

◎ 户 ｈù〈动〉

阻止　［ｈｉｎｄｅｒ；ｓｔｏｐ］

王见右广，将从之乘，屈荡户之曰："君以此始，亦必以
终。"——《左传·宣公十二年》。注："户，止也。"

◎ 户 ｈù〈量〉

（1）　　用以计户数　［ｆａｍｉｌｙ］

徙天下豪富于咸阳十二万户。——《史记》

（2）　　又如：几户人家；穷人五户

《周易》第二十二卦贲山火贲艮上离下

贲：亨。小利有所往。

彖曰：贲，亨；柔来而文刚，故亨。分刚上而文柔，故小利有
攸往。天文也；文明以止，人文也。观乎天文，以察时变；观
乎人文，以化成天下。

象曰：山下有火，贲；君子以明庶政，无敢折狱。

初九：贲其趾，舍车而徒。象曰：舍车而徒，义弗乘也。

六二：贲其须。象曰：贲其须，与上兴也。

九三：贲如濡如，永贞吉。象曰：永贞之吉，终莫之陵也。

六四：贲如皤如，白马翰如，匪寇婚媾。象曰：六四，当位疑
也。匪寇婚媾，终无尤也。

六五：贲于丘园，束帛戋戋，吝，终吉。象曰：六五之吉，有
喜也。

上九：白贲，无咎。象曰：白贲无咎，上得志也。

六十二、豸卦（音志，同周易颐卦）

豸

字源解说

豸，甲骨文像大口、四足的动物。造字本义：长脊猛兽。篆文在"口"中加一点表示利齿。隶书另造字形。楷书将大口利齿写成四。行书误将篆文的利齿写成"爪"。

附文言版《说文解字》：豸，兽长脊，行豸豸然，欲有所司杀形。凡豸之属皆从豸。

附白话版《说文解字》：豸，长脊野兽，行动悄然而充满杀气，像是随时准备展开猎杀的样子。所有与豸相关的字，都采用"豸"作边旁。

『说文解字注』

(豸)兽长行豸豸然。欲有所司杀形。總言其义其形。故不更言象形也。或曰此下当有象形二字。司今之伺字。许书无伺。凡兽欲有所伺杀、则行步详宷。其脊若加长。豸豸然、长兒。文象其形也。周礼射人。以狸步张三侯。注云。狸、善搏者也。行则止而儗度焉。其发必。是以量麥道法之也。

详细字义

◎豸 z h ì〈名〉

（1）本指长脊兽，如猫、虎之类。引申为无脚的虫，体多长，如蚯蚓之类。

有足谓之虫，无足谓之豸。——《尔雅》

（2）又如：豸豸（兽背隆长的样子）

词性变化

◎豸 z h ì〈动〉

通"解"。解决［s o l v e］

使子逞其志，庶有豸乎。——《左传》

第二十七卦颐山雷颐艮上震下

颐：贞吉。观颐，自求口实。

彖曰：颐贞吉，养正则吉也。观颐，观其所养也；自求口实，观其自养也。天地养万物，圣人养贤，以及万民；颐之时义大矣哉！

象曰：山下有雷，颐；君子以慎言语，节饮食。

初九：舍尔灵龟，观我朵颐，凶。象曰：观我朵颐，亦不足贵也。

六二：颠颐，拂经，于丘颐，征凶。象曰：六二征凶，行失类也。

六三：拂颐，贞凶，十年勿用，无攸利。象曰：十年勿用，道大悖也。

六四：颠颐吉，虎视眈眈，其欲逐逐，无咎。象曰：颠颐之吉，上施光也。

六五：拂经，居贞吉，不可涉大川。象曰：居贞之吉，顺以从上也。

上九：由颐，厉吉，利涉大川。象曰：由颐厉吉，大有庆也。

六十三、雚卦（音欢，同周易观卦）

雚

甲骨文	金文	篆文	隶书	俗体	行书	草书	繁体楷书	简体行书	简化方案
缺	懽	歡	歡	歡	欢	歡	欢	歡	欢 采用�i体楷书字（以简单字件"又"代替更复杂字件"雚"）
制作	古文	说文解字	曹全碑	鲁公	改真卿	王羲之	欧世江	何绍基	旧简字库	旧简字库

字源解说

雚，既是声旁也是形旁，表示锐目利爪的猎鹰。欢，金文

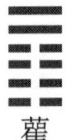（雚，猎鹰）＋（欠，兴叹），造字本义：猎鹰发现猎物

而兴奋呼叫。篆文承续金文字形。

附文言版《说文解字》：欢，喜乐也。从欠，雚声。

附白话版《说文解字》：欢，喜庆欢呼。字形采用"欠"

作边旁，"雚"作声旁。

『说文解字注』

喜乐也。从欠。雚声。呼官切。十四部。孟子借驩为欢。

(欢)喜乐也。从欠。雚声。呼官切。十四部。孟

子借驩为欢。

详细字义

◎欢

欢、欢、驩 huān〈动〉

（1）（形声。从欠，雚（ɡuàn）声。本义：喜悦，高

兴）

（2）同本义

欢，喜乐也。——《说文》

君子不尽人之欢。——《礼记·曲礼》

夫妇不得不驩。——《荀子·大略》

（3）又如：欢容（喜悦的容颜）；欢洽（快乐和睦）；欢哄（欢乐，哄闹）；欢情（喜悦的心情）

（4）欢迎，殷勤地或诚挚地迎接［ｗｅｌｃｏｍｅ］

闻其声，争交欢解。——《史记·游侠列传》

（5）又如：欢门（宋代酒馆、店铺用彩色纸帛装饰门窗，以招徕顾客，谓之欢门）

（6）〈方〉：起劲；活跃。如：你不是跑得挺欢吗？

汉英互译

◎欢

ｊｏｙｏｕｓ　　　ｍｅｒｒｙ

Ｅｎｇｌｉｓｈ

ｈａｐｐｙ，　ｐｌｅａｓｅｄ，　ｇｌａｄ；

第二十卦观风地观巽上坤下

观：盥而不荐，有孚□若。

彖曰：大观在上，顺而巽，中正以观天下。观，盥而不荐，有孚颙若，下观而化也。观天之神道，而四时不忒，圣人以神道设教，而天下服矣。

象曰：风行地上，观；先王以省方，观民设教。

初六：童观，小人无咎，君子吝。象曰：初六童观，小人道也。

六二：窥观，利女贞。象曰：窥观女贞，亦可丑也。

六三：观我生，进退。象曰：观我生，进退；未失道也。

六四：观国之光，利用宾于王。象曰：观国之光，尚宾也。

九五：观我生，君子无咎。象曰：观我生，观民也。

上九：观其生，君子无咎。象曰：观其生，志未平也。

六十四、爿卦（音盘，同周易明夷卦）

爿

字源解说

"爿"、"丬"、"片"本为同一个字，后分化。片，甲骨文 像铺在床架上的床板。造字本义：大而厚的木板，床板。篆文 将床脚变形。楷书 有所变形。

附文言版《说文解字》：片，判木也。从半木。凡片之属皆从片。

附白话版《说文解字》：片，被劈开的木块。字形采用半个"木"的指事方法造成。所有与片相关的字，都采用"片"作边旁。

『说文解字注』

(片)判木也。谓一分为二之木。片判以叠韵为训。判者、分也。周礼媒氏。掌万民之判。丧服传曰。夫妻胖合也。胖当作片。片卽媒氏判字。郑注周礼云。判、半也。得耦为合。主合其半成夫妇也。按夫妇各半而合。故取象于合？。汉书一半冰。亦叚半为片字。从半木。木字之半也。匹见切。十四部。凡片之属皆从片。

详细字义

◎片 piān〈名〉

（1）指有图像、景物或录有声音的片子［ｆｉｌｍ］（用于口语一部分词）。如：唱片儿；画片儿；相片儿；影片儿

（2）另见 piàn

常用词组

片儿　片头　片子

基本词义

◎片 piàn〈动〉

（1）（指事。甲骨文字形，象劈开的木片。本义：劈开树木之类）

（2）同本义［ｃｕｔ ｏｐｅｎ］

片，判木也，从半木。——《说文》。段注：“谓一分为二之木片。”

（3）又如：片批（切肉的一种刀法。刀略倾斜，切之使肉成片状）

（4）用刀将物斜削成扁薄形状［ｐａｒｅ］。如：两只山鸡已经都片出来了，又片了些羊肉片子

词性变化

◎片 piàn

〈名〉

（1）扁而薄的东西

雪片一冬深。——唐·杜甫《寄杨五桂州谭因州参军段子之任》

（2）又如：唱片；画片；相片；影片；片石（片状石料）；木片；玉兰片；虾片；名片；瓦片；片楮（片纸）

（3）半；整体中的一小部分或较大地区内划出来的较小地区

片言可以折狱者。——《论语》

（4）又如：分片包乾；片儿会；片简（片断的文字材料）；片断（指整体中的一部分）；片玉（比喻群贤之一）；分片负责；土地连成片；片合（两半相合。指交配）

（5）花瓣［ｐｅｔａｌ］。如：花片；牡丹片

（6）雪花［ｓｎｏｗ　ｆｌａｋｅ］

密片无声急复迟，纷纷犹胜落花时。——唐·方乾《叙雪寄喻凫》

（7）词的分段称分片，上段叫"上片"，下段叫"下片"。下一段的开头叫"过片"［ｓｅｃｔｉｏｎ］

◎片ｐｉàｎ〈形〉

（1）单个；单只［ｓｉｎｇｌｅ］。如：片影（一片影子；孤独的身影）；片帆（孤舟；一只船）；片字（犹只字）；片雨（阵雨；局部地区降落的雨）；片席（片帆，孤舟）

（2）微小；微少［ａｆｅｗ；　ｓｍａｌｌ］

卧此片时醒。——唐·杜甫《高枏》

（3）又如：片言折之（用三言两语去说服他）；片札（小简，短信）；片善（微小的优点）；片语（简短的话）；片霎（片刻，刹那）；片辞（简短的言辞）；片鳞半爪（喻事物的极小部分）；片句（简短的语句）

（4）形容极短的时间［ａｍｏｍｅｎｔ］。如：片晷（片刻。晷，日晷，测日的仪器，借指时间）；片晌（片响。很短的时间）

（5）偏颇；不全面［ｏｎｅ－ｓｉｄｅｄ］。如：片记（片面记载，不全面的记载）

◎片ｐｉàｎ

〈量〉

（1）形容薄而成片的东西［ｔａｂｌｅｔ］

两岸青山相对出，孤帆一片日边来。——唐·李白《望天门山》

（2）又如：两片安眠药

（3）延伸的平面或广阔区域（如陆地或水域）

一片孤城万仞山。——唐·王之涣《凉州词》

听取蛙声一片。——宋·辛弃疾《西江月》

（4）又如：印度南部的一片热带农村地区；两河之间的一片森林地带

（5）如同舞台布景一般的真实的或想象的景物。如：一片丰收景象

（6）另见 p i ā n

汉英互译

◎片
parcel   patch   piece
English

---

slice,   splinter,   strip

第三十六卦明夷地火明夷坤上离下

明夷：利艰贞。象曰：明入地中，明夷。内文明而外柔顺，以蒙大难，文王以之。利艰贞，晦其明也，内难而能正其志，箕子以之。

象曰：明入地中，明夷；君子以莅众，用晦而明。

初九：明夷于飞，垂其翼。君子于行，三日不食，有攸往，主人有言。象曰：君子于行，义不食也。

六二：明夷，夷于左股，用拯马壮，吉。象曰：六二之吉，顺以则也。

九三：明夷于南狩，得其大首，不可疾贞。象曰：南狩之志，乃大得也。

六四：入于左腹，获明夷之心，出于门庭。象曰：入于左腹，获心意也。

六五：箕子之明夷，利贞。象曰：箕子之贞，明不可息也。

上六：不明晦，初登于天，后入于地。象曰：初登于天，照四国也。后入于地，失则也。

● 以上为《连山》（古称《犨山》）全六十四卦。

后记

一、心声·致谢

作者排版水平有限，请读者们见谅！

作者衷心的感谢以下政府、计算机软件厂商、互联网网站，因为有他们的帮助，本书才得以研究完成。我希望将来能当一个学堂老师，教几个稚子小童，专心育才，为延续汉学文化尽一点绵薄之力。我会把各位的名字挂在最醒目的地方，也希望将来能有所回报。

1、汉典网

感谢汉典网免费提供的古文献资料。

网站介绍：http://www.zdic.net
汉典是一个面向广泛受众、含有丰富及有益内容的教育和信息网站。汉典始建于 2004 年，是一个有着巨大容量的字、词、词组、成语及其他中文语言文字形式的免费在线辞典。汉典的宗旨是介绍中国文化、历史和语言，为那些在中文学习、研究方面有兴趣的人提供帮助与服务，并探讨中文语言文字使用的规范和标准。

汉典有其他 5 个附加的、额外的和辅助的网站，包括汉典古籍、汉典诗词、汉典书法、汉典中文论坛及新建的汉典英文论坛。

汉典收录了 75983 个汉字、361998 个词语、短语和词组，以及 32868 成语的释义；汉典古籍收录了总共包含有 38529 章节的 1055 部古典文献书籍、203 篇古文；汉典诗词收录了 268886 首古典诗词；汉典书法收集 135804 个著名的中国书法家汉字书法作品。

得益于世界各地许多华人志愿者的贡献和他们无私伟大的爱心，所有的这些工作是在基于 CC0 1.0 Public Domain Dedication 在过去这些年中得已完成的，并正在被完善。到目前为止，所有汉典所属的网站均在由个人的开支运行，并由义务的贡献者进行着维护和管理。汉语词典中的国语辞典原始资料来源于中国台湾教育部《重编国语辞典修订本》（CC BY-ND 3.0 中国台湾授权）

2、 象形字典网

感谢象形字典网免费提供的各种汉字字典。

http://www.vividict.com

《象形字典》体例说明

《象形字典》以有机、系统的结构全新编撰，摒弃以读音为序（以英文字母表的排序为准）、零散分裂的编排方法，以汉字的象形素材来源为依据，将整部字典分为"天部"、"地部"、"人部"三大部分；每一部分若乾篇，每一篇分若乾族，每一族包含若乾个字头，每一个字头带领一个独立的网页；每个网页的内容包括六个部分："字头信息"、"字形演变"、"字源解说"、"字义引申"、"词汇分类"、"用户评论"。

《象形字典》目前收录汉字 3000 多字，最终将扩展到国家公布的最新三级《通用规范汉字表》所包含的 8000 字头以上。

《象形字典》非全息字典，研究重点在：古代字形所包含的图画性形象与汉字本义之间的逻辑指向关系；汉字本义与现代汉语常用义项之间的源流派生关系。

《象形字典》在解释汉字本义时，以古文字形（篆文字形，尤其是甲骨文字形、金文字形）中的图画性元素为根本依据，以先秦典籍中的例句为佐证，以古今辞书的诸多观点为参考，最大限度忠于汉字的"象形精神"。

"象形字典"网站的全部内容，来自站长十二年的搜集整理与潜心研究，其中，甲金篆隶楷行草 7 体对照的"字形演变"表、图解详细的"字源解说"、揭示源流的"字义引申"、组群明晰的"词汇分类"，均为本站的原创与首创。电子稿《象形字典》于 2011 年通过国家版权局的版权认定。非商业性用途局部引用本站资料时，请明确标注"出处：象形字典"。尊重知识产权，促进文化繁荣。

3、微软公司

感谢微软公司提供免费的 WINDOWS10，以及提供免费学生版 OFFICE 给我妻子，我妻子目前在澳大利亚邦德大学读书，可以获得学生版，我和妻子使用同一台电脑，因此厚颜免费使用 OFFICE。

自 1992 年开始使用微软公司的 WIN3.1 一直到 5.1，WIN98，WIN2000，没有使用付费软件，是我的失德之处，在那之后买计算机时尽量使用厂商提供的 OEM 版，但是以前所欠，希望将来有所回报。微软公司的慷慨和宽容，让我铭记在心。

4、谷歌网

我每天都使用谷歌搜索大量的文字和文献资料，使用谷歌邮箱，这些服务都是免费的。谷歌的帮助让我非常感谢。

5、百度网

我经常使用百度搜索国内的古代文字和文献资料，这些服务都是免费的，百度搜索做的非常优秀。非常感谢。

6、网易网

我从 1999 年开始浏览网易新闻，使用网易邮箱，一直到现在，这些都是服务免费的，非常感谢网页陪我走过几乎 30 年。我现在每天在国外看中国新闻，还是习惯看网易。

7、中国哲学书电子化计划网

网站介绍：本网站的目的是提供尽可能精确且便利使用的中国古代原典文献（尤其先秦两汉文献），把这些资料以 恰当结构、可搜索模式来展现，并且广泛使用现代技术作为工具使这些文献更容易学习和研究，因而使更多人有机会接触这些原典文献。

8、AMAZON 和 CREATESPACE 网

没有你们的帮助，就无法出版本书，非常感谢

9、中国政府

感谢中国政府实施的免费教育，让我能读书识字，我父亲曾说起，在解放前，穷人的孩子读不起书，没钱学习认字，尤其是京剧演员的社会地位低下，被贬称为"戏子"，解放后戏曲工作者的地位提高了，被作为平等的人来对待，我们这些伶人后裔也能读书学习，得益于政府的庇护。从一开始中国刚刚成立时的"一穷二白"，到现在十三亿人口能安居乐业丰衣足食，这些都是中国政府的功绩。非常感谢，希望将来能有所回报。

10、澳大利亚政府

由衷的感谢澳大利亚政府对我和我家庭的帮助。给我提供免费的英语课程，给我妻子提供低息助学贷款，使她能得以上大学，现在政府还提供给我失业救济金，让我能一边找工作，一边在业余时间写作和研究，可以维持基本的生活。我衷心的感谢，希望将来能够回报。

再次感谢所有帮助过我和我的家庭的人们，如果你们需要，请联系我。卜筮不能用来赚钱，但是可以帮助他人。

Email: 18da@163.com

二、推荐自己的书

亚马逊网站有售，内容全部是中文版本：

1、 An interpretation of Japanese ancient literature : Senji ryakketsu (Chinese Edition) $9.99
中文书名《日本古文献《占式略决》释义》
内容是李唐古法六壬的日本传承版本，《占式略决》作者为日本阴阳师安倍晴明，亦太卜之学支流也。

2、 The Additional Explanation Of Senji Ryakketsu : Abe no Seimei（(Chinese Edition) $12.99
中文书名《安倍晴明《占式略决》钤补》

3、 Study/Live in AUSTRALIA: The Most detailed, Useful Guide to studying and Living in AUSTRALIA (Chinese Edition) $11.99
中文书名《澳洲三日通·潇洒走天涯》

2016 年 2 月 15 日本书初稿完成
华夏宗伯姓氏 陈政耀 昊月地仆居

Made in the USA
Lexington, KY
09 March 2018